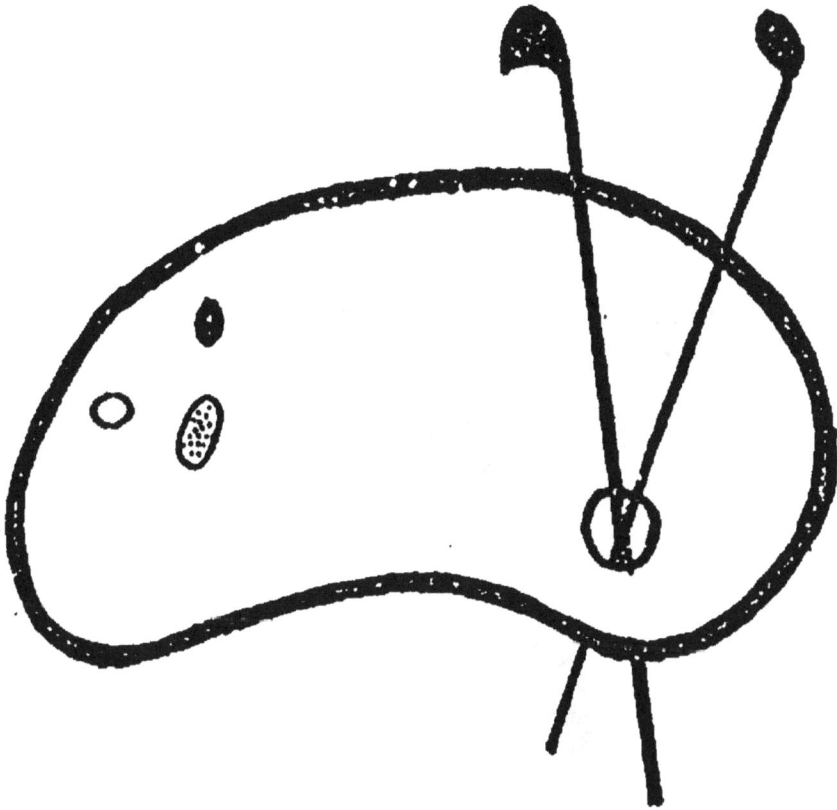

COUVERTURE SUPERIEURE ET INFERIEURE
EN COULEUR

LES
ÉCOLES DE DROIT

EN

FRANCHE-COMTÉ ET EN BOURGOGNE

LA FACULTÉ DE DROIT DE DIJON

PAR

M. VILLEQUEZ

Professeur à la Faculté de droit de Dijon.

PARIS

ERNEST THORIN, ÉDITEUR

LIBRAIRE DU COLLÉGE DE FRANCE

ET DE L'ÉCOLE NORMALE SUPÉRIEURE

7, RUE DE MÉDICIS, 7

—

1875

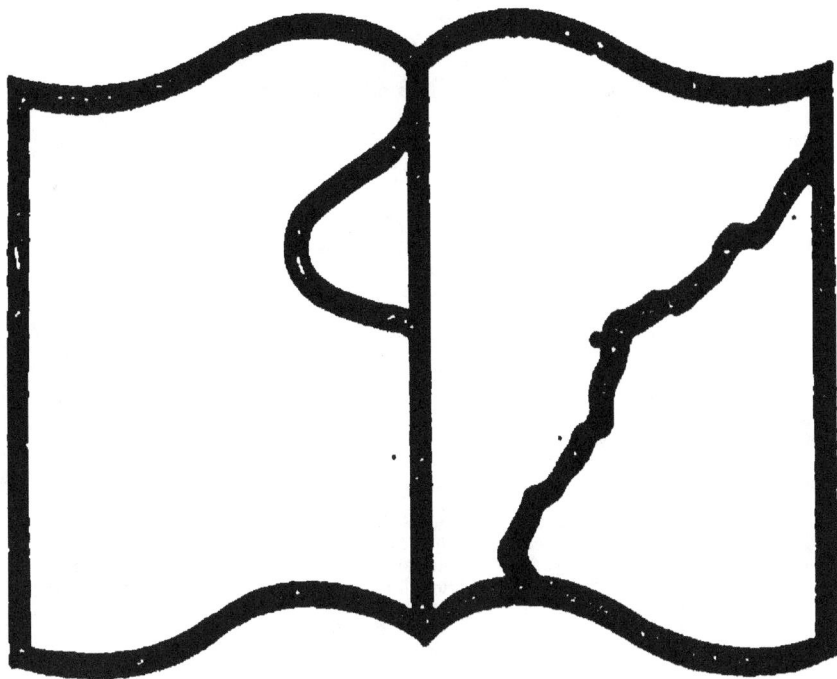

Texte détérioré — reliure défectueuse
NF Z 43-120-11

Ernest THORIN, éditeur.

EXTRAIT DU CATALOGUE DES OUVRAGES DE FONDS.

BOISTEL (Alph.), *professeur agrégé à la Faculté de droit de Paris.* — Cours élémentaire de droit naturel ou de philosophie du droit. 1 vol. in-8. 7 50

— Précis d'un cours de droit commercial, professé à la Faculté de droit de Paris. 1875. 1 fort vol. in-8. 12 »

Cet ouvrage est le seul qui contienne l'explication des lois de 1873 sur les *Titres au porteur* et le *privilège du Bailleur*, et celle de 1874 sur les *Chèques*.

M. Boistel nous donne, sous une forme concise et substantielle, un commentaire très-complet du Code de commerce et des lois nombreuses qui l'ont modifié jusqu'à ces derniers temps. Grâce à une méthode vigoureuse suivie jusque dans les plus petits détails, il a pu, mettant chaque chose à sa place, éviter les redites et atteindre une grande concision sans nuire à la clarté. L'ouvrage est rempli de renseignements pratiques fort intéressants qui éclairent et fécondent l'exégèse scientifique, et le tout est fondu dans un corps de doctrines très-sérieusement élaborées, savamment coordonnées, et donnant sur tous les points des formules très-nettes et très-précises. Nous avons surtout remarqué toute la théorie des sociétés par actions, d'après la loi nouvelle de 1867; il n'existe pas, à notre connaissance, d'étude aussi complète et aussi approfondie sur cette difficile matière.

BOISSONADE (G.), *professeur agrégé à la Faculté de droit de Paris.* — Histoire des droits de l'époux survivant. 1874. Un vol. in-8. 7 50

Ouvrage couronné par l'Institut de France (Académie des sciences morales et politiques).

DUCROCQ (Th.), *prof. de droit administratif à la Faculté de droit de Poitiers.* — Cours de droit administratif, contenant le commentaire et l'exposé de la législation administrative dans son dernier état, avec la reproduction des principaux textes, dans un ordre méthodique. *Quatrième édition*, très-augmentée, mise au courant de la doctrine, de la jurisprudence, de la statistique, des programmes pour les concours à l'auditorat au conseil d'État et à la Cour des comptes, ceux du ministère des finances et de diverses administrations publiques, etc. 1874. 2 beaux vol. in-8. 18 »

GÉRARDIN (C.), *professeur de droit romain à la Faculté de droit de Paris.* — Le droit des Obligations, trad. de l'allemand de M. de Savigny, par MM. C. Gérardin, prof. de droit romain à la Faculté de droit de Paris, et P. Jozon, député à l'Assemblée nationale. Deuxième édition, revue, corrigée et augmentée. 1873. 2 beaux vol. in-8. 15 »

GIDE (Paul), *prof. à la Faculté de droit de Paris.* — Étude sur la condition privée de la femme dans le droit ancien et moderne, et en particulier sur le sénatus-consulte Velléien. 1 beau vol. gr. in-8 (*épuisé*).

Ouvrage couronné par l'Institut de France (Académie des sciences morales et politiques).

KELLER (F.-L. de), *prof. à l'Université de Berlin.* — De la procédure civile et des actions chez les Romains, trad. de l'allemand et précédé d'une introduction par Ch. Capmas, prof. à la Faculté de droit de Dijon. 1 fort vol. in-8. 9 »

MITTERMAIER, *prof. à l'Université de Heidelberg.* — Traité de la procédure criminelle en Angleterre, en Écosse et dans l'Amérique du Nord, envisagée dans l'ensemble de ses rapports avec les institutions civiles et politiques de ces pays et dans les détails pratiques de son organisation, augmenté des additions de l'auteur, trad. de l'allemand par A. Chauffard, président du tribunal de Lavaur. 1 beau vol. in-8. 9 »

THÉZARD (Léopold), *prof. à la Faculté de droit de Poitiers.* — Répétitions écrites sur le droit romain. *Deuxième édition*, entièrement refondue et considérablement augmentée. 1 beau vol. in-12. 5 »

REVUE DE LÉGISLATION ANCIENNE ET MODERNE, FRANÇAISE ET ÉTRANGÈRE, publiée sous la direction de MM. *Edouard Laboulaye*, membre de l'Institut, professeur de législation comparée au Collège de France; *Eugène de Rozière*, membre de l'Institut, inspecteur général des archives; *Rod. Dareste*, avocat au conseil d'État et à la Cour de Cassation; *Paul Gide*, professeur à la Faculté de droit de Paris; *Gustave Boissonade*, agrégé à la Faculté de droit de Paris.

N. B. — Cette REVUE (qui remplace l'ancienne *Revue historique de droit français et étranger*) paraît tous les deux mois par livraison in-8 de 7 feuilles, depuis 1870 inclusivement. La 1ʳᵉ année (1870-71) ne forme qu'un seul volume in-8. Prix de l'abonnement : 18 » pour la France; pour l'étranger, les frais de poste en sus. — La 1ʳᵉ année (1870-71) des années publiées 1870-74, 4 beaux vol. in-8. 48 fr. — La 1ʳᵉ année (1870-71) ne se vend pas séparément.

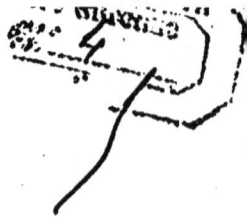

LES

ÉCOLES DE DROIT

EN FRANCHE-COMTÉ ET EN BOURGOGNE.

TOULOUSE. — IMPRIMERIE A. CHAUVIN ET FILS.

LES

ÉCOLES DE DROIT

EN

FRANCHE-COMTÉ ET EN BOURGOGNE

———

LA FACULTÉ DE DROIT DE DIJON

PAR

M. VILLEQUEZ

Professeur à la Faculté de droit de Dijon.

PARIS

ERNEST THORIN, ÉDITEUR

LIBRAIRE DU COLLÉGE DE FRANCE

ET DE L'ÉCOLE NORMALE SUPÉRIEURE

7, RUE DE MÉDICIS, 7

—

1875

LES ÉCOLES DE DROIT

EN FRANCHE-COMTÉ ET EN BOURGOGNE.

(CINQUIÈME ARTICLE.) (1)

LA' FACULTÉ DE DROIT DE DIJON.

On a vu au prix de quels sacrifices et après quelles luttes, l'ancienne cité impériale de Besançon avait fini par enlever à Dôle, qu'elle remplaçait comme capitale de la Franche-Comté, l'Université qui avait fait sa gloire. Son triomphe ne devait pas être de longue durée ; elle rencontra bientôt une rivale devant laquelle elle devait finir aussi par succomb. r.

Au moment où l'Université franc-comtoise était en pleine prospérité, en 1721, trente ans après sa translation dans la nouvelle capitale du Comté, les Etats du Duché de Bourgogne, réunis à Dijon, demandèrent au Roi la création d'une Université dans cette ville. Ils alléguaient que la Bourgogne était la première pairie du royaume, que Dijon possédait déjà un Parlement, une Chambre des comptes, un Bureau des finances, un présidial , etc. Quatre présidiaux et de nombreux bailliages ressortissant du Parlement, rendaient la justice dans cette grande province qui comprenait, outre

---

(1) V. *Revue de législation ancienne et moderne, française et étrangère,* année 1872, p. 258 et suiv., 349 et suiv., 561 et suiv.; 1873, p. 66 et suiv.

lo duché, les comtés de Charolais, Mâconnais, Auxer-
rois, Bar-sur-Seine, les pays de Gex et Valromey;
« en sorte que ceux qui avaient des enfants qu'ils des-
» tinaient à remplir les charges de judicature, dont
» ces tribunaux sont composés, étaient obligés de les
» envoyer en d'autres provinces pour y étudier le
» droit, ce qui jetait les familles dans de grandes dé-
» penses et privait les enfants de l'avantage d'être
» sous les yeux de leurs pères ou de leurs parents. »
Les conflits possibles entre les étudiants et la nombreuse garnison de Besançon, furent aussi mis en
avant. Justement émue, l'Université de cette dernière
ville s'unit à celle de Paris, rédigea mémoires sur mémoires et députa à Versailles Bret, professeur de la
Faculté de droit, pour y défendre ses intérêts. La haute
influence du prince de Condé, gouverneur de la province de Bourgogne, l'emporta. Le 6 juillet 1722, réponse favorable fut donnée par le Régent sur les cahiers des États, et, par une sorte de transaction, une
Université réduite à la seule Faculté de droit fut créée
à Dijon, par édit de décembre de la même année, vi-
sant un arrêt du conseil du 7 septembre. Le coup était
porté, car la Faculté de droit était véritablement le
point de mire. Cinq chaires composaient celle de
Dijon : Une pour les Institutes du droit civil, une
pour le Digeste, une pour le Code et les Novelles,
une pour le droit canon, et une pour le droit français. Joseph Bret, professeur du *petit banc*, à Besançon,
où il enseignait les rubriques, qui avait, paraît-il, défendu assez faiblement sa Faculté, revint avec le titre
de doyen occuper la première chaire de celle de Dijon,
dans laquelle l'Ecole franc-comtoise, anéantie par la
Révolution, enverra son dernier mais son plus illus-

tre représentant à la réorganisation de l'Université, Proudhon.

Bret avait en même temps et nonobstant la déclaration du 29 juillet 1712, qui défendait dans la Faculté de droit l'admission des deux parents jusqu'au troisième degré, obtenu pour son fils une place d'agrégé à côté de lui. La sollicitude paternelle devait même s'étendre beaucoup plus loin, toujours en violation des règlements comme nous le verrons. Restons pour le moment au début de l'Ecole.

La bulle du pape qui autorise l'érection d'une Faculté de droit à Dijon est du 16 avril 1723, les lettres d'attache signées du cardinal Dubois du 1er juin, et l'arrêt d'enregistrement du Parlement du 21 juin de de la même année. Des lettres patentes du 20 septembre 1723 l'organisent et la réglementent (1). Les hauts patronages ne lui manquent pas. On peut en juger par la seule lecture de ces lettres patentes.

Nous y trouvons, au premier rang, le *protecteur*. Cette charge dont le prince de Condé, Louis-Henri de Bourbon, est revêtu, doit rester à perpétuité à ses successeurs dans le gouvernement de la province de Bourgogne. Tous les trois ans, à la tenue des Etats, une députation de l'Ecole va complimenter le protecteur.

(1) Toutes ces pièces se trouvent dans un petit volume intitulé : « *Edits et règlements pour l'Université de Dijon, avec les anciens édits, règlements et déclarations concernant les études de droit civil et canonique dans toutes les universités du royaume, in-8°.* Dijon, 1744, Antoine de Fay, imprimeur de l'Université. » Ce volume et les registres de la Faculté ont servi de base à ce travail. Signalons aussi le remarquable discours sur l'ancienne Université, riche en détails biographiques, prononcé par M. Gabriel Dumay, à la rentrée de 1867, de la conférence Proudhon. La magistrature a enlevé à l'Ecole qu'il honorait un de ses meilleurs élèves.

Le chancelier. L'abbé Bouhier, doyen de la sainte chapelle est le premier chancelier désigné. Les fonctions du chancelier consistaient dans la collation des grades. Le Roi se réserve de nommer ses successeurs sur la présentation de l'évêque de Langres, alors diocésain de Dijon, qui n'eut un évêché qu'en 1731. La présentation devait porter sur trois ecclésiastiques séculiers constitués en dignité dans la ville de Dijon. Le chancelier peut se nommer un vice-chancelier pour le remplacer en cas d'empêchement ou d'absence. Son choix ne doit porter aussi que sur un ecclésiastique constitué en dignité dans la ville.

Les directeurs. Le premier président du Parlement est directeur né de la Faculté de droit. Il est remplacé en cas d'absence par le plus ancien des présidents. Trois autres directeurs doivent être nommés par le Roi. A partir de 1730, la troisième charge de directeur fut attachée de droit à celle de vicomte-mayeur de Dijon. C'était le premier magistrat municipal qui joignait à son titre ceux de prévôt, lieutenant général de police, colonel et chef des armes de la ville et commune de Dijon, president né et élu perpétuel de la province de Bourgogne. Cette charge, donnée à l'élection aux personnages les plus recommandables, fut presque toujours remplie par des jurisconsultes. La seconde charge de directeur était occupée par le doyen du Parlement, et la quatrième ordinairement par un ancien membre du barreau ou du parquet.

Les directeurs doivent veiller sur l'exercice des fonctions des professeurs et autres suppôts de la Faculté. Ils seront avertis des examens et thèses, pourront interroger et donner leurs suffrages, assisteront à toutes

les assemblées, y auront voix délibérative et veille-
ront à l'exécution des règlements. Ils siégeaient dans
les concours. C'étaient les administrateurs de l'Ecole.
Trente livres de bougies étaient, à titre d'émoluments,
délivrées annuellement à chacun des directeurs.

Un secrétaire-archiviste, aux appointements fixes
de 400 livres, un bedeau-massier a 150, et deux bedeaux ordinaires à 100 livres, complétaient le personnel administratif de la Faculté.

Les professeurs. Le personnel enseignant se composait de cinq professeurs et de quatre agrégés. Les
chaires, à l'exception de celle du droit français,
étaient données au concours dans les mêmes formes
que pour les autres Facultés ; mais, à la différence de
ce que nous avons vu pour l'Université de Besançon,
elles n'avaient pas de prédominance les unes sur les
autres. Les professeurs autres que celui du droit
français devaient tous les cinq ans changer la matière de leur enseignement. Ainsi celui qui avait enseigné les Pandectes devait prendre les Institutes, le
Code et les Novelles, ou le droit canonique ; le choix
appartenait aux plus anciens. Nous voyons, dans ces
divers changements, que le Code et les Novelles
étaient généralement laissés au dernier.

Le professeur de droit français restait seul attaché à
la chaire dont il était pourvu directement sans concours par le Roi, conformément à la déclaration du
6 août 1682, sur la présentation par le parquet du
Parlement de trois sujets ayant exercé au moins pendant dix ans au barreau ou pendant le même temps
rempli une charge dans les justices royales. A la
Faculté de Dijon, il pouvait, comme les autres professeurs, être élu syndic et devenir doyen, jouissait

des mêmes prérogatives; mais, comme dans les autres facultés, il ne pouvait assister aux examens ni présider aux thèses de droit civil ou canonique. Il présidait toujours l'examen de droit français et pouvait argumenter aux thèses.

Les agrégés remplaçaient les professeurs empêchés, morts ou absents, assistaient avec eux aux examens et thèses. Ils pouvaient siéger dans les concours pour les places d'agrégés et présider aux thèses de baccalauréat seulement. Ils ne présidaient dans les autres qu'en remplacement du professeur président.

Les professeurs faisaient cours tous les jours; à l'exception des dimanches, fêtes et jeudis. La manière dont se faisaient les leçons nous est indiquée dans les réponses faites en 1786 par la Faculté, à une série de questions à elles adressées par l'intermédiaire de M. de Barentin, doyen d'honneur de celle de Paris, au nom d'une commission chargée de s'occuper d'un plan de réforme alors en projet pour les études de droit. Je copie la réponse :

« Chaque professeur compose un traité méthodique
» et abrégé de la matière qu'il est chargé d'enseigner;
» il partage sa classe ou leçon (qui devait durer une
» heure et demie aux termes de la déclaration du
» 6 août 1682) en deux temps ou parties. Il commence
» par dicter les cahiers ou traités de sa composition
» pendant environ une petite demi-heure; tous les
» étudiants écrivent, et on les y oblige conformément
» à l'article 6 de l'édit d'avril 1679. Le professeur
» termine la séance par une explication orale suivie
» sous toutes les faces possibles de la matière; il y
» fait lecture du texte de la loi, lorsqu'il le croit
» nécessaire, il en discute et développe le véritable

» esprit. *Il a grande attention de le rapprocher de nos*
» *usages et de remarquer s'il est conforme ou non aux*
» *lois générales du royaume et au droit particulier de*
» *la province.* Telle est la méthode d'enseignement
» qui a été adoptée dès le principe de l'établissement
» de l'Université et à laquelle se conforment encore
» les professeurs actuels. »

Le rapprochement entre les textes du droit romain
et le droit en vigueur était fait en langue française ;
tout ce qui tenait au droit romain pur ou au droit
canonique était dicté ou développé dans la langue
universitaire, en latin. C'était en latin que les thèses
et examens étaient soutenus à l'exception de celui de
droit français, que les discours de rentrée et autres
étaient prononcés ; on ne pouvait se servir dans les
concours que de la langue latine, employée aussi dans
tous les actes de la Faculté. Nous verrons un assez
curieux conflit s'élever à cet égard entre le premier
professeur de droit français et ses collègues, à propos
d'un discours de rentrée.

Le temps des études pour la licence était, depuis
l'édit de 1679, à Dijon comme dans les autres Facultés, de trois ans. Dans la première année, les
étudiants prenaient la leçon des Institutes du droit
civil ; dans la seconde, une leçon de droit civil, celle
des Pandectes, et une de droit canon ; dans la troisième, l'autre leçon de droit civil, celle du Code et
des Novelles, et la leçon de droit français, s'ils ne
l'avaient pas prise dans la première ou la seconde,
ce qui était laissé à leur discrétion.

En réfléchissant à l'application de ce programme
imposé uniformément, par Louis XIV, aux Facultés de
droit dans l'édit de 1679, il est facile d'y voir une

dernière et très-grande cause de la décadence des
études de droit à ajouter à celles que nous avons
signalées en terminant l'histoire de l'Université de
Dôle, si brillante dans son ancienne liberté, distri-
buant à profusion et sans entraves l'enseignement de
toutes les branches de la science dans dix chaires
ordinaires auxquelles celles de professeur extraordinaire, occupée par les jurisconsultes les plus renom-
més de l'Europe, servait de couronnement. Les professeurs libres en élargissaient encore la base.

Quarante mois d'étude étaient nécessaires, d'après
les anciens statuts, pour y subir l'épreuve du baccalauréat, et quarante autres mois pour la licence. De
nouveaux statuts, rédigés en 1490, réduisirent à deux
années et demie les études pour le baccalauréat, et à
un pareil temps pour la licence. C'étaient les cinq
années de Justinien (Const. *Omnem*, §§ 2-6, D. *De
Concept*. Digest.).

Ce délai de trois ans, fixé par Louis XIV, à peine
suffisant pour donner et recevoir les notions les plus
élémentaires du droit, nous est malheureusement resté.
C'est le premier point à corriger dans la réforme
actuellement en élaboration des études de droit.

Les professeurs de Dijon, suivaient l'ordre des livres
et des titres des recueils de Justinien. Celui qui était
chargé des Pandectes voyait-il tous les titres qu'elles contiennent dans une année ? En était-il de même
de celui qui était chargé du Code et des Novelles ?
Je suis presque autorisé à le penser, par les cahiers de
Bannelier que je possède. Ils contiennent, sur chaque
titre, un exposé très-succinct des principes de la
matière ; ce sont des espèces de paratitles terminés
par un rapprochement avec le droit français en quel-

ques lignes. Ces cahiers ne comprennent, il est vrai, que ce qui était dicté.

Nous sommes bien loin de ces magnifiques leçons des grands maîtres du seizième siècle, dont on peut prendre une idée dans les *recitationes solemnes* de Cujas, cherchant dans les Pandectes les fragments épars des anciens jurisconsultes, dont il reconstitue l'œuvre qu'il éclaire d'une si vive lumière. C'est Doneau, coordonnant dans une vaste et puissante synthèse, toutes les parties du droit qu'il extrait des masses de textes qu'il connaissait si bien. C'est Dumoulin, faisant jaillir d'un seul texte quatre ou cinq théories qu'il adapte à la pratique avec un merveilleux instinct. C'est Chiflet, épuisant une matière spéciale, qu'il éclaire dans les points les plus obscurs par des divisions bien coordonnées.

Les professeurs du siècle dernier en sont réduits à se relayer pour traîner dans la même ornière le même fardeau que la brièveté du temps donné pour arriver les oblige à alléger sans cesse. De là, cette masse de *compendia ad usum scholæ* qui se ressemblent tous, se signalent par l'absence de tout travail original, de toute critique scientifique, qu'il faut aller chercher en Hollande et plus tard en Allemagne.

Les professeurs du droit français, obligés de se frayer la route, entreprennent sur notre droit des travaux d'ensemble qui manquaient. Ceux des professeurs des pays coutumiers, Davot, à Dijon, Pocquet de Livonnière, à Angers, Poullain du Parc, à Rennes, Prévôt de la Jannès et Pothier, à Orléans, sont bien supérieurs à ceux de leurs collègues des pays de droit écrit qui, comme Boutaric, à Toulouse, Serres, à Montpellier, Julien, à Aix, suivent pas à pas les Ins-

titutes de Justinien qu'ils confèrent avec la jurisprudence de leur Parlement. Ce serait le sujet d'une belle
étude ; mais il faut revenir à l'organisation de la Faculté dont nous écrivons l'histoire.

Elle n'avait été accordée à la ville de Dijon qu'à la
condition qu'elle en ferait tous les frais selon ses
offres, frais qui pourraient au besoin être répartis sur
le reste de la province. Ces charges de la Faculté,
fixées à 10,000 livres par an, dont 4,000 payées par
la ville, et 6,000 par la province, consistaient dans le
traitement fixe des professeurs, des agrégés et autres
suppôts de la Faculté, et en une somme de 3,050 livres, destinée tous les ans au loyer d'un bâtiment
pour la Faculté, à l'achat des livres, meubles et autres dépenses.

Le traitement fixe des professeurs était de 1,000 livres, celui des agrégés de 300. L'éventuel se composait du produit des inscriptions, des examens et des
thèses. Le coût de chaque inscription était de 8 livres
5 sols ; mais, lors de la consignation des droits dus
pour prendre un grade, on en déduisait la somme
payée pour les inscriptions prises antérieurement. La
consignation pour le baccalauréat était de 110 livres,
dont 80 pour les professeurs ; de 100 livres pour la
licence, dont ils prenaient 70 ; de 112 livres pour
le doctorat, sur lesquelles 100 leur étaient attribuées.
Le président de thèse avait 6 livres de bougies, con-
verties plus tard en une somme de 15 livres. Les
agrégés avaient 3 livres chacun par examen, et 12 livres pour les thèses. Les droits pour l'examen de
droit français, qui se passait à part, étaient de 24 livres. Le bureau était composé du professeur de droit
français, de deux autres professeurs, et de deux agré-

gés. Chacun des professeurs avait droit à 4 livres, les agrégés à 3 seulement. Le secrétaire prélevait 3 livres pour l'expédition des lettres de baccalauréat, 1 livre pour l'enregistrement de l'extrait baptistaire du candidat, 10 sols pour l'attestation, autant pour chaque matricule, et autant pour la supplique. Les droits du premier bedeau étaient de 2 livres 10 sols, pour présenter les thèses à chaque acte, et les deux autres bedeaux avaient 1 livre 10 sols, pour accompagner alternativement les écoliers dans leurs visites pour distribuer les thèses. Les droits du chancelier étaient de 6 livres, pour l'expédition et sceau des lettres de degré.

Comme dans les autres Facultés, la durée des études de droit civil canonique et français était de trois ans. Les inscriptions se prenaient du 10 au 30 novembre et dans le premier mois de chaque trimestre, sur deux registres, dont l'un restait au secrétariat de la Faculté, l'autre était déposé au parquet du parlement.

Pour les examens et thèses, on suivait aussi la règle commune. Le grade de bachelier ne s'obtenait qu'après un examen et une thèse. Après l'examen, qui n'était pas public, les professeurs donnaient leur avis par écrit pour la permission de faire la thèse ; il en était de même pour la licence. La supplique pour le baccalauréat ne pouvait être déposée qu'après une année continue d'études ; l'examen devait être passé au plus tard le dernier jour de mars de la seconde année. Six semaines, au moins, si l'élève avait été admis, devaient séparer la nouvelle supplique de la thèse, qui était soutenue à la fin de la seconde année. Le grade de licencié était donné après un examen et une thèse passés à la fin de la troisième année. Les thèses seules étaient soutenues publiquement. Un président et quatre suffragants argumentaient le soutenant. Les argumentations étaient faites en latin sur les propositions avancées par le candidat.

La thèse ou acte public était l'épreuve principale. L'examen n'en était que le préliminaire. C'était, dans l'organisation de nos anciennes Facultés, un simple moyen de s'assurer si le candidat était en état de soutenir une thèse. Voilà pourquoi les examens n'étaient pas publics. Aussi, le licencié, comme le mot l'indique, n'avait plus d'examen à passer pour prendre le grade de docteur; il pouvait, un an après sa licence, soutenir thèse. Elle devait porter sur l'un et l'autre droit (civil et canonique). Il faisait ensuite deux leçons (*docere*), l'une sur le droit civil, l'autre sur le droit canonique, et devait répondre sur-le-champ aux objections qui pouvaient lui être faites. La durée des argumentations, pour les thèses, était de deux heures pour le baccalauréat, de trois heures pour la licence, de quatre heures pour le doctorat. C'était, pour toutes les Facultés de droit, la règle écrite dans l'édit de 1679, articles 7 et 8.

Les examens et thèses des ecclésiastiques ne portaient que sur le droit canon, quand ils ne voulaient obtenir des degrés que dans cette branche; les laïques devaient les prendre *in utroque*.

Nous avons dit que les examens n'étaient pas publics. Cette épreuve, destinée seulement à constater l'aptitude du candidat à soutenir thèse est qualifiée, dans l'édit que je viens de citer, d'examen *particulier*, par opposition à l'acte *public*, à la thèse. Arrêtons-nous-y un instant.

Les examens, dans nos Facultés modernes, sont
devenus les épreuves principales et les plus nombreuses: Ils sont publics, et ne peuvent avoir que
deux issues : l'admission ou l'ajournement. L'ajournement, dans les Facultés où les examens se passent
en sessions trimestrielles, a pour effet de renvoyer le
candidat à subir de nouveau la même épreuve à une
session ultérieure, ou à trois mois au moins d'intervalle dans les autres Facultés.

Dans nos anciennes écoles, et à Dijon notamment,
l'examen pouvait avoir deux autres résultats que nous
ne connaissons plus : le refus, et la demande, par le
candidat qui n'avait pas réussi, d'un examen public.
Le refus différait de l'ajournement, en ce qu'il ne permettait plus au candidat de renouveler une épreuve
qu'il était considéré comme à jamais incapable de
soutenir. L'ajournement le renvoyait à trois mois, six
mois ou un an pour la soutenir de nouveau. Pour les
thèses, il n'y avait pas de refus, puisque l'admission
à la soutenance résultait de l'examen déclarant le
candidat apte à tenter l'épreuve. La licence avait le
même effet pour les thèses de doctorat. Il ne pouvait
y avoir aux thèses que des ajournements à six mois
ou à un an (édit de 1679, art. 10).

La demande d'examen public n'était pas prévue dans
l'édit. La question qui, paraît-il, avait déjà été sou-
levée devant d'autres Facultés, se présenta à Dijon
pour la première fois au mois d'août 1740. Un étudiant, dont les registres de la Faculté taisent le nom,
ayant subi un échec dans un examen particulier, demanda un examen public. Les professeurs de la Faculté, partagés sur la décision à prendre, envoyèrent
au chancelier des mémoires en sens divers. Voici la

réponse de d'Aguesseau au premier président de
Berbisey, directeur-né de l'Ecole, pour la communi-
quer à la Compagnie.

Les deux questions à résoudre étaient les suivantes :
1° L'étudiant qui a échoué à l'examen peut-il demander un examen public? 2° En cas d'affirmative,
les professeurs qui avaient assisté au premier examen
peuvent-ils l'interroger dans le second ?

« A la vérité, dit le chancelier, comme je l'ay déjà remarqué, il n'y a point de loy précise qui autorise expressément
ceux qui ont été refusés dans un examen particulier, à demander un examen public ; mais le silence du législateur
ne sçauroit former ici un argument qui favorise les def-
fenseurs de l'opinion contraire ; s'il n'a pas parlé sur ce
point, c'est parce qu'il n'a pas cru qu'il fût obligé de le
faire. Il est en quelque manière du droit naturel que le
sort de ceux qui étudient pour obtenir des degrés ne dé-
pende pas absolument et irrévocablement de quatre examinateurs qui, comme on l'a fort bien remarqué de la
part de ceux qui se sont déclarés pour l'examen public,
ne sont que des commissaires députés par l'Université,
pour examiner la capacité des étudiants, mais toujours
subordinement au corps qui les commet et auquel le jugement suprême et définitif est censé réservé. C'est ainsy
qu'autrefois chez les Romains, il n'y ayait point de juges
particuliers dont on ne pût appeler au jugement du peuple, et l'extrême disproportion qui peut être entre différents corps, ne change point la nature des règles qui doivent y être observées.

» Tel est, en effet, l'usage qui a lieu dans la matière dont
il s'agit, et qui, étant suivi dans les plus célèbres universités, a formé une espèce de droit commun en faveur de
la liberté de demander un examen public. Il y a même un
premier cas où il serait impossible de le refuser sans pé-

cher contre les premiers principes de l'équité naturelle,
c'est celuy d'un refus absolu, refus, qui est indiqué
l'art. 22 de la déclaration du 31 août 1682 et i peut avoir
lieu, lorsque les administrateurs trouvent une ignorance
si profonde dans celuy qui se présente devant eux qu'il
serait inutile de luy donner du temps pour étudier ou nécessaire de luy en prescrire un si long qu'il deviendrait
en quelque manière indécent et dérisoire.

» Le second cas, qui est sans comparaison le plus commun, est celuy où les examinateurs adoucissent leur refus
en se contentant de renvoyer l'étudiant à un terme de trois
mois ou de six mois, pour luy donner le loisir de faire de
meilleures études. Mais, quoique cette seconde espèce de
refus soit beaucoup moins dure que la première, il faut
avoüer, néantmoins, que l'honneur et la réputation de
l'étudiant y sont fort intéressés. C'est une espèce de note
qui l'exclut pour un temps et qui ne s'efface pas même
toujours par l'événement d'un second examen, plus heureux pour luy que le premier, parce que le public s'ima-
gine souvent que si cet étudiant a enfin été admis, c'est
par une espèce d'indulgence et par la peine que les
examinateurs se sont faitte de le refuser deux fois.

» Enfin, il me paraît que l'opinion commune de l'Université a été que, si le cas arrivait, c'est-à-dire celuy d'un
second refus, on ne pourrait pas se dispenser d'accorder à
l'étudiant la consolation de pouvoir demander un examen
public. Mais, si cela est, pourquoy comme on l'a aussy
fait bien remarqué, ne la luy pas donner dès la première
fois, comme s'il fallait luy faire acheter par une humilia-
tion de trois mois une liberté qui, suivant ce que j'ay
dit, est, en un sens, de droit naturel, et comme si deux
refus le rendaient plus favorable qu'un seul.

» Toutes sortes de considérations me portent donc également à approuver la première délibération de l'Université qui avait admis l'étudiant à subir un examen public.

» Mais en estimant, comme je le fais, qu'on ne peut se

dispenser d'en recevoir l'usage dans l'Université de Dijon, je crois en même temps qu'on ne doit l'y suivre qu'avec de grandes précautions, pour empêcher qu'on en abuse, et ce qui se pratique sur ce point dans l'Université de Paris me paraît devoir servir de modèle à celle de Dijon.

» On observe, à Paris, que celui qui craint que le sort de l'examen ne luy soit pas favorable, se trouve à la porte de l'assemblée où l'on doit ouvrir la capse ou boëte dans laquelle sont renfermés les suffrages des examinateurs; et si l'on reconnaît qu'il a été refusé ou renvoyé à trois mois d'étude, il demande sur-le-champ à être admis à un examen public et qu'on le luy accorde aussy dans le même instant ; après quoi, la Faculté de droit fixe le jour de cet examen, ou à l'après-midy ou au lendemain du jour de la demande, en sorte que l'étudiant se présente à l'examen public dans le même degré de connaissance où il s'était trouvé dans l'examen particulier.

» On tire ensuite au sort, le nom de quatre nouveaux examinateurs qui sont deux professeurs et deux agrégés, ce sont eux seuls qui interrogent l'étudiant pendant les deux premières heures de l'examen, et l'on y en ajoute une troisième, durant laquelle tous les autres professeurs et docteurs agrégés, autres que les quatre premiers examinateurs peuvent faire telle question qu'il leur plaît, à celuy qu'on examine, ce qui fait que cet examen dure trois heures au lieu de deux, qui suffisent pour l'examen particulier.

» Enfin, si l'étudiant est admis, il a tout ce qu'il pouvait attendre de l'examen public ; si, au contraire, il est refusé à la pluralité des voix des quatre nouveaux examinateurs, ce refus public est irrévocable et le mal devient sans remède, ou, si les suffrages sont partagés, l'étudiant est renvoyé à six mois, et le terme fixé par les premiers examinateurs est doublé pour le punir en quelque manière de la demande inconsidérée qu'il a faite d'un examen public. »

Je ne prends que ce passage dans la très-longue lettre de Daguesseau qui offre de faire faire un règlement conforme à ce qu'il vient de dire pour la Faculté de Dijon qui, dans une délibération prise à la suite de cette lettre, déclara s'y conformer pour l'avenir. La lettre est datée de Fontainebleau, du 16 octobre 1740, et la délibération du 18 novembre.

Les directeurs et les professeurs exerçaient conjointement, réunis en tribunal, la juridiction correctionnelle sur les étudiants, pour les affaires et cas qui survenaient entre les professeurs et les étudiants ou entre les étudiants seulement, dans l'enceinte du territoire des écoles ou chez les professeurs. Les jugements étaient rendus dans la salle du Conseil de l'Université, sur le rapport du doyen, ils étaient exécutoires par provision, nonobstant l'appel qui était porté à la grand'chambre du Parlement. Celle-ci ne pouvait donner d'arrêt de défense d'exécution qu'après avoir entendu le plus ancien des directeurs sur les motifs du jugement.

Chaque année, à la rentrée, les étudiants élisaient l'un d'eux procureur général, à l'effet de poursuivre et donner ses conclusions dans les affaires de discipline. Le procureur général jouissait d'une année d'exemption d'études (art. 32 et 33 des lettres patentes d'établissement de l'Université).

Les professeurs élisaient tous les trois ans, parmi eux, un syndic chargé de prendre les conclusions dans les délibérations de la Faculté et de la représenter dans les actes civils qu'elle avait à faire comme personne juridique.

Les professeurs, agrégés et autres suppôts de la Faculté avaient droit de *committimus* aux requêtes du

2

Palais, jouissaient de l'exemption des tailles, logement des gens de guerre, de tutelle, de curatelle et autres charges publiques (art. 20).

Les mêmes lettres patentes donnent à l'Université (bien qu'elle ne se composât que de la Faculté de droit) des armes.

Le sceau de ladite Université sera : écartelé au premier et quatrième d'azur, semé de fleurs de lis d'or, à la bordure componée d'argent et de gueules, pour Bourgogne moderne ; au deuxième et troisième bandé d'or et d'azur de six pièces, à la bordure de gueules pour Bourgogne ancien, parti en chef au premier et deuxième de Bourgogne moderne et ancien, soutenu en pointe de gueules ; sur le tout : Bourbon-Condé, d'azur, à trois fleurs de lis d'or, à bâton de gueules péri en bande, la couronne fleurdelisée et l'écu environné de l'Ordre du Saint-Esprit, le grand écusson timbré d'une couronne royale et pour légende : *Sigillum Universitatis Burgundiæ*, M.DCC.XXII (art. 38 des lettres patentes).

Rien n'y manquait, pas même les formules pour tous les actes de la Faculté. En voici quelques-unes :

Annonce du jour de la rentrée de chaque année et invitation, affichées dans la ville.

MANDATUM UNIVERSITATIS.

« Nos almæ Universitatis Burgundiæ DECANUS ET ANTECESSORES : Mandamus omnibus et singulis in prædictâ Academiâ Legum auditoribus ; ut solemni Missæ sacrificio, quod pro aperiendis Jurium scholis celebrabitur in Æde sacrâ F. F. Prædicatorum intersint die... hujusce mensis, horâ undecimâ. DATUM Divione, in aulâ a consiliis die... annoque reparatæ salutis.

Ex mandato, *Secretarius.* »

Convocation des étudiants pour l'élection de leur procureur général :

DECRETUM UNIVERSITATIS.

« Nos Decanus et collegium antecessorum in alma Burgundiæ Universitate, MANDAMUS omnibus et singulis in dictâ Academiâ Legum Auditoribus ut se sistant in Majore Universitatis Aulâ die... hujusce mensis horâ post meridiem secundâ. PROCURATOREM GENERALEM, juxta constitutionem Regiam anno 1723 latam, suis electuri suffragiis.

Datum Divione, in aulâ a consiliis... etc. »

Annonce d'un concours :

« Ex DECRETO Universitatis Burgundiæ lato die... anno... NOTUM SIT OMNIBUS VACARE in alma Burgundiæ Universitate Doctoris AGGREGATI locum per obitum clarissimi Doctoris D... Quicumque suorum in Jurisprudentiâ studiorum fiduciâ freti ad hunc aspirant in aulâ a consiliis se sistant, die... mensis... horâ... probatoriarum de utroque jure prælectionum et disputationum argumenta sorte ducturi ; certiores facti eum, qui in hoc laudis certamine cæteris digniorem se præstiterit, debitum industriæ suæ præmium esse consecuturum.

Datum Divione die... anno Domini.

Affixum ad valvas scolarum die... et missum ad omnes totius regni consultissimas jurium Facultates.

Ex mandato Universitatis.

Annonce des leçons de concours :

« CUM DEO ou DEO JUVANTE N. JURIS UTRIUSQUE DOCTOR In senatu Patronus ET ANTECESSURÆ ou DOCTORIS AGGREGATI VACANTIS candidatus,

Ex DECRETO Universitatis Burgundiæ,

« Probatorias ex jure civili recitationes ad legem... *ou* ex jure canonico ad cap... habebit die... anno Domini... horâ ipsissimâ. »

Formules pour la collation du grade de docteur et pour l'installation solennelle des professeurs.

Le compliment latin que le professeur qui préside à la thèse fait au candidat doit finir par ces termes :

« Laurea doctorali coronandus pulpitum nostrum ascende. »

Le candidat étant monté dans la haute chaire et placé à la gauche du Président, il lui met l'épitoge rouge bordée d'hermine sur l'épaule gauche et dit :

« Hæc quá nunc ornaris purpura, novæ dignatis insigne est : quo qui decoratur, indesinenter, debet efficere ut morum probitas ac vitæ sanctitudo splendori dignitatis fulgorique vestimenti perpetuo respondeat. »

Après avoir mis la ceinture par dessus la robe du candidat, le président dit :

« Vestem præcingat zona quæ fortitudinis nota est, ut eâ succinctus obeundis Reipublicæ muneribus paratior semper sis, atque alacrior. »

Le président présente au candidat les corps de droit canon et civil fermés, et les ouvre à l'instant en disant :

« Canonum Legumque codices clausos primum tibi offero deinde apertos, ut intelligas tibi ignota primum fuisse Canonum et Legum placita, penitusque incognita ; deinde post multos et assiduos labores, perenniter deinceps subbeundos, facta tandem pervia et aperta. »

Le président prend le bonnet carré du candidat, il le lui met sur la tête et dit :

« Capiti pileus, quasi eruditionis corona, imponitur, quo te deinceps honore decoratum respiciant Universi, et te docendi munere donatum audiant ac venerentur. »

En mettant l'anneau dans le doigt annulaire de la main gauche du candidat, le président dit :

« Insere annulum digito, æternum initæ cum consultissimâ Facultate necessitudinis pignus et monumentum.

Denique osculo fraternoque amplexu, sanctissimo quidem consortii argumento, totius consultissimæ Facultatis hac in parte vices ultro gerens excipio, vir clarissime (*il faut donner le baiser*), et, quod tibi, Regno et Ecclesiæ felix faustumque sit, Doctorem renuntio. »

Le président va prendre place dans son rang et le candidat fait un petit discours latin qui doit rouler sur les motifs qui l'ont déterminé à suivre l'étude de la jurisprudence, fait un compliment en général à toute la compagnie, dit un petit mot de son président en particulier et finit son discours par un remercîment général à Messieurs de l'Université.

Pour l'installation d'un professeur, le discours de celui qui l'a fait finit ordinairement par ces mots :

« Debito laboribus tuis et industriæ præmio donandus, hoc honoris et gloriæ pulpitum ascende. »

Ensuite le nouveau professeur passe dans la chambre, à côté de la salle publique. Un bedeau l'ayant revêtu de la robe rouge, il va se placer dans la haute chaire, à la gauche du professeur qui fait l'installation, lequel lui met l'épitoge rouge herminée, comme il est dit ci-dessus pour la réception d'un docteur, et continue comme dans la formule précédente.

Ces réceptions solennelles et symboliques étaient

pratiquées aussi dans les autres universités françaises
et étrangères, où elles étaient traditionnelles et très-
anciennes, ainsi que nous l'apprend Conrad Rücker,
professeur à Leyde, dans un discours prononcé précisément à l'occasion d'une promotion au doctorat, le
13 décembre 1735. Il avait pris pour texte : *De hono-
ribus academicis magno doctrinæ præmio* (1). Après
avoir amplement et élégamment traité son sujet devant l'auditoire académique, il s'adresse au récipien-
daire, en ces termes :

« Nil restat quam ut ipse mandato mihi munere fungar
et tibi, Eruditissime candidate, debita modestiæ, virtuti,
doctrinæ tuæ præmia persolvam.

» Quod igitur felix et faustum sit, ego, ex auctoritate ma-
gnifici Rectoris, et Amplissimi-Senatus academici, te Da-
nielem van Alphen, Lugduno-Batavum, juris utriusque
Doctorem creo, dico, renuncio : Do tibi potestatem cathe-
dram, ad quam solis Doctoris titulo ornatis aditus patet,
conscendendi, jura interpretandi, in foro et in omnibus
ubique tribunalibus caussas agendi, de jure respondendi.
Tribuo tibi insuper omnes prærogativas, immunitates,
jura ac privilegia quæ rite et legitime creatis juris utriusque Doctoribus hic vel alibi, lege aut more, tribui solent.
Et, ne quid honori tuo desit, adjiciam porro ritus quibus
Majores nostri hunc actum solemniter explicari, sapien-
tissimo hocce concilio voluerunt, partim ut collatæ dignitatis splendor eo acrius omnium oculos et mentes feriret ;

(1) Ce discours se trouve dans le recueil qui contient les pièces suivantes : *Joannis Conradi Rückeri Icti et Antecess. Dissertatio de civili et
naturali temporis computatione in jure. Observationes quibus Florentina
scriptura variis Pandectarum locis defenditur. Interpretationes quibus
obscuriora quædam juris civilis capita illustrantur. Orationes quinque.*
Lugd. Bat., 1749, in-8°. C'est le troisième discours. V. aussi *Bartoli
Tract. et quæst,* in fine.

partim ut significarent, non ad ignobilem deinceps desi-
dium velandam, sed ad virtutem ulterius excitandam honores hosce perᵈinere.

» Argumento sit hæc ipsa, quo indutus es Toga. Vide,
ut ea omnium oculos in se convertit : ut singuli tacite
tuam laudant fortunam, qui virtute merueris ea in pu-
blicum produci veste qua nonnisi honestissimis inter ci-
ves uti conceditur. Quæ vero tam honorifica tibi est, ea-
dem toga te simul admonet sacramenti quo te togatæ
militiæ obstrinxisti, ut, quam adhuc inter innocentiam
et doctas vigilias transegisti deinceps quoque sic compo-
nas vitam tuam, ut togati militis munere per omnia recte
et strenue fungaris, perpetuoque memor sis, signum,
quod in hac militia semper unum, semper idem datur, hoc
esse : LABOREMUS.

» Ne vero inermem te hosti objiciam, en, quo sacra-
tissimæ leges nostræ continentur librum, quem apertum
tibi exhibeo, ut ex eo tanquam instructissimo armario omnem militarem tuum adparatum desümas : hinc tuendæ
innocentiæ clypeos, hinc tela petas, quibus Justitiæ hostes
conficias ; non enim insidiosis imaginariæ æquitatis ar-
gumentis, sed aperto Marte et certa ipsarum Legum
auctoritate pugnandum est. His igitur perpetuo hæren-
dum : in hisce perscrutandis et perpendendis indefesso
labore die noctesque desudandum.

» Sed ecce, quem modo tibi aperui, eumdem librum
nunc ante oculos tuos pono clausum, ut memineris, quæ
tibi agenda incumbunt, lectione sola minime absolvi, sed
multo insuper et seria meditatione opus esse, tum ut men-
tem et sententiam legislatoris alto sœpè latentem subtili-
ter indagare et a similibus ad similia procedendo ex ra-
tione juris definire possis, quæ disertis legum verbis
definita non reperiuntur, tum ut omnia in usum dedu-
cere, et obvenientibus in vitæ civili negotiis apte et pru-
denter accommodare scias.

» Licet autem laboriosa sit et ardua, cui te accingis militia, gravem tamen et jucundam eam reddunt amplissima virtutis præmia, quæ fortes viros in ea manent. En quantus in ipsis statim auspiciis tibi habeatur honor, dum aureus digito tuo inseritur annulus. Erat is olim apud Romanos Equitûm ordinis ornamentum, et nobiliores a plebe discernebat : Te singulari doctrina et egregia juris scientia nobilem esse indicat. Postquam deinde cum plebe communicatus fuit, ingenuis proprius mansit. Te liberalem animum artibus ingenuis excoluisse significat. Præcipuus vero annuli apud veteres usus erat in sponsalibus contrahendis et connubiis. Tibi hoc annulo hodie se despondet nobilissima et pulcherrima virginum Astræa, ut individuam, et ad instar in se redeuntis annuli fine carituram vitæ consuetudinem tecum habeat.

« Sed quousque patiar tam ornatum virum aperto mihi adstare capite ? Quin impono tibi honoris caussa pileum, antiquum libertatis signum. Quid ridetis auditores ? Levem ne et inanem putatis pilei honorem, quod innumera et plebeia passim capita eodem ornata cernitis ? Multi, fateor, sed nullo jure eum usurpant : pauci merentur ; quotquot enim cæco perturbatæ mentis impetu trahuntur, et effrenæ licentiæ honestum libertatis nomen prætexunt utcumque pileati non sunt. Te jure optimo liberum, te pileo dignum pronuntio, qui didicisti, in nullius nisi rationis et legum verba jurare, his servire, illi obtemperare, solam esse veram et ingenuo homine dignam libertatem.

« Probant hanc meam de te sententiam amplissimi hujus urbis consules, qui te aureo hoc donant numismate, ut virtuti et eruditioni tuæ datos honores augeant.

« Tandem porrigo tibi dextram in amicitiæ et benevolentiæ signum, qua te, qua litterarum et jurisprudentiæ veros amatores omnes complector.

« Et cum in omnia ex meritis votisque tuis rite sint peracta, ego primus te juris utriusque Doctorem saluto. Faxit Deus, ut qui hodie tam pulchros tibi pepererunt fructus, deinceps quoque feliciter succedant tui conatus :

crescat tua , crescat Reipublicæ, crescat Academiæ jurisprudentiæ gloriæ et dignitas, inque dies magis magis-
que amplificetur. »

N'est-il pas regrettable de voir aujourd'hui le bap-
tême du doctorat remplacé chez nous par l'énoncé de
la couleur des boules que le candidat reçoit à la porte
de la salle, de la bouche du secrétaire, quelquefois
d'un appariteur, sans pouvoir même saluer ni remer-
cier ses maîtres !

Entrons maintenant dans l'ancienne Faculté de
droit de Dijon.

Les premiers professeurs nommés directement par
les lettres-patentes du 20 septembre 1723, furent :
Bret père, doyen, pour enseigner les Instituts ; Bannelier, pour le Digeste ; Delusseux, pour le Code et les
Novelles ; Fromageot, pour le droit canon , et Davot,
pour le droit français. Les agrégés sont : Bret fils,
Crevoisier, Boisot et Calon. On voit que Bret n'avait
rien négligé à Versailles.

Rappelons-nous que les professeurs devaient changer de chaire tous les cinq ans, à l'exception du professeur de droit français.

La première assemblée de la Faculté, dans laquelle
furent lus les édits, lettres - patentes et bulles qui
l'établissaient, eut lieu le 15 novembre 1723. Le lendemain Davot est élu syndic.

Le 20 novembre, invitation est faite aux corps constitués à assister à l'ouverture des *Écoles* de droit.

Sur les dix heures du matin , disent les registres de la
Faculté, MM. Bret, doyen , et Davot, second professeur,
sont allés au Parlement en robes noires et bonnet carré,
précédés d'un bédeau qui les a conduits jusqu'à la porte

de la grande salle d'entrée du palais, et, ayant été an-
noncés et introduits à l'instant à la grand'chambre par le
greffier, ils se sont placés derrière le bureau debout et
découverts, où M. le premier président leur ayant dit :
« soyez couverts, » M. Bret a dit que la Cour ayant pris
beaucoup de part à l'établissement de l'Université, elle
avait sujet d'espérer qu'elle voudrait bien honorer de sa
présence l'ouverture des Ecoles de droit qui se ferait au
jour et à l'heure qu'il plairait à la Cour d'indiquer. Et
M. le premier président répondit que la Cour honorerait
de sa présence l'ouverture des Ecoles de droit, le mercredi
24, à deux heures de relevée.

La même invitation fut portée avec le même céré-
monial à la Chambre des comptes, au bureau des
finances, au baillage présidial et à la mairie.

Le 24 novembre, après une messe en musique, eut
lieu l'ouverture des Ecoles en grande solennité.

Le Parlement entier arrive en corps, précédé de ses
huissiers, ayant à sa tête le premier président de Berbisey, entouré des neuf présidents, avec leurs manteaux
d'hermine, coiffés de leurs mortiers, suivis des chevaliers
d'honneur, l'épée au côté, le cordon bleu sur la poitrine,
des soixante-quatre conseillers, en robe rouge, et des
cinq conseillers-clercs, en grand costume ecclésiastique. Il est reçu en dehors de la porte du bâtiment
des écoles par deux professeurs et quatre agrégés, en
robes rouges. Les premiers se placent à la droite et à
la gauche de MM. les présidents, et les agrégés, dans
le même ordre, à l'extrémité de la Compagnie, qu'ils
conduisent à la porte de la salle des cérémonies, où
deux autres professeurs, en grand costume, ayant devant eux le bedeau massier, après avoir salué MM. du
Parlement, les conduisent dans leurs places, à la

droite. Le premier huissier, debout et découvert, se tient derrière le premier président.

Même réception est faite aux autres corps, sauf l'attente en dehors des bâtiments de l'école. Le doyen Bret prononce le discours d'ouverture en latin.

Le 26 novembre, l'affiche suivante annonce l'ouverture des cours de la Faculté.

Antecessores Universitatis Burgundiæ suas lectiones habebunt, die 29 novembris, anno 1723, hoc ordine :

Josephus Bret, D. de Romette, antecessor et decanus, Justiniani Institutiones edocebit horâ decimâ matutinâ.

Gabriel Davot antecessor, juris gallici Institutiones tradet horâ decimâ.

Joannes Bannelier antecessor interpretationem Digestorum aggredietur horâ sesqui octavâ.

Joannes Ludovicus Delusseux antecessor, traditis quibusdam compendiosis prænotionibus, Codicis et Novellarum interpretationem aggredietur horâ post meridiem secundâ.

Joannes Baptista Fromageot antecessor, juris canonici Institutiones dabit horâ post meridiem secundâ.

A la rentrée de 1724, tous les professeurs et agrégés furent obligés de signer le fameux formulaire contre les propositions de Jansénius qui devait être signé aussi par tous les aspirants aux degrés conférés par la Faculté. Cette pièce ne comprend pas moins de neuf pages grand in-folio dans le registre.

A dater de cette époque, la Faculté suit sa marche régulière ; nous n'aurons que peu d'événements à signaler, jusqu'au moment où la Révolution viendra la dissoudre.

La première thèse y fut soutenue par l'abbé Lenoir, le 12 mai 1724, devant une affluence extraordinaire.

C'était pendant la tenue des Etats. Le comte de Tavannes, qui les présidait comme lieutenant général de la province, en l'absence du prince de Condé, le premier président et grand nombre de conseillers du Parlement, étaient dans l'assistance, ainsi que les évêques d'Auxerre, Châlon et Autun, en camail, rochet et bonnet carré, et un grand nombre de membres de la noblesse.

L'année suivante, la Faculté perdit un de ses agrégés, Crevoisier, mort le 23 août 1725.

Après la fixation au 15 février de l'ouverture du concours qui devait lui donner un successeur, il s'éleva entre les professeurs assemblés, au sujet du discours de rentrée, une très-vive discussion qui montre la puissance et le respect des traditions dans les anciennes Facultés.

On sait que le professeur de Droit français avait rang entre le premier et le second professeur ; à Dijon, il pouvait devenir doyen. Or, le dernier discours de rentrée ayant été fait par Bannelier, Davot était en tour. Le discours de rentrée, comme les autres actes universitaires, était fait en latin. Davot prétendait en être exempt en sa qualité de professeur de droit français. La question, d'un commun accord, fut soumise aux directeurs, qui décidèrent que « le sieur Davot étant en tour de faire ledit discours latin, il devait s'en charger, par manière de provision seulement et sans tirer à conséquence pour le droit des parties. » Davot n'accepta que pour moitié la décision des directeurs ; il voulait bien faire le discours, mais en français, comme ses leçons. L'infraction aux règles traditionnelles était trop grave. Le temps pressait ; Delusseux, second professeur, fit le discours en latin et on envoya de part et d'autre des mémoires au chancelier, qui répondit au premier président, directeur de l'école :

« Monsieur, je vous envoie une lettre qui m'a été écrite par le professeur en droit français de l'Université de Dijon avec un mémoire qu'il y a joint au sujet du discours que ses confrères prétendent qu'il doit à son tour prononcer en latin à l'ouverture des Ecoles. Les professeurs en droit français des autres Universités ne sont point dans cet usage, parce qu'ils ne sont point du corps des Facultés de droit, et c'est par une loy singulière à celle de Dijon que ce professeur est agrégé au corps de cette Université dans laquelle il est en droit de décaniser. C'est donc à tort qu'il voudrait se dispenser de faire à son tour le discours de l'ouverture. Mais, comme il donne toutes ses leçons en français et n'est point obligé par son état de parler latin, vous pouvés luy dire qu'il suffira, pour remplir l'obligation dans laquelle il est, de prononcer ce discours en bon français, et personne ne doit trouver à redire qu'un professeur qui n'enseigne que le droit français parle sa langue dans un discours qui n'est que le préliminaire de ses leçons. Vous ferés part, s'il vous plait, aux autres directeurs et professeurs de cette Université du contenu en cette lettre.

« Je suis, Monsieur, votre très-affectionné serviteur.

D'ARMENONVILLE. »

Versailles, 28 may 1726.

Cette lettre ne suffit pas; Bannelier envoya un second mémoire au garde des sceaux, qui persista et ordonna que sa première lettre fût, pour servir de règle, insérée dans les registres de la Faculté.

Le concours qui s'ouvrit pour donner un successeur à l'agrégé Crevoisier donna aussi lieu à un assez grave incident dont la portée ne peut être comprise que par la connaissance des règlements sur l'agrégation. L'introduction des agrégés dans les Facultés de droit ne date que de 1680. Louis XIV, dans un arrêt du Conseil du 23 mars, s'étant, dit-il, fait représenter les procès-verbaux et mémoires envoyés par les sieurs commissaires départis dans les généralités du royaume qui avaient dû assembler chacune des Facultés de droit, pour avoir leur avis sur toutes choses qui seront jugées utiles et nécessaires pour le rétablissement des études du droit canonique et civil, ajoute dans toutes les Facultés un nombre d'agrégés double de celui des professeurs. L'arrêt du Conseil, exécuté à Paris, où la Faculté avait douze agrégés, ne le fut pas complétement dans les autres Facultés du royaume. Nous nous rappelons que Besançon n'avait pas d'agrégés. Ils étaient remplacés aux examens et actes publics par les distributeurs, fonctionnaires inconnus dans les autres Facultés, datant de la vieille Université de Dôle ; ils désignaient un docteur pour faire l'*interim* quand une chaire venait à vaquer ; à Dijon, il n'y avait que quatre agrégés au lieu de dix, nombre réglementaire évidemment trop élevé. Nous sommes aujourd'hui tombés dans l'excès opposé.

Les premiers agrégés furent nommés directement par le Roi. Leurs places ne furent pas d'abord données au concours réservé pour les chaires. Ils étaient nommés à l'élection aux deux tiers des voix, par les membres de la Faculté qui devaient les choisir parmi ceux qui faisaient profession d'enseigner (comme répétiteurs probablement, puisqu'il était défendu à tous autres que les membres des Facultés, de faire des cours publics), comme aussi parmi les avocats et ceux qui fréquentaient le barreau et même parmi les

magistrats et juges honoraires. L'élu devait être docteur et avoir au moins trente ans. Les agrégés assistaient
aux assemblées de la Faculté, aux examens et thèses,
interrogeaient, argumentaient, avaient voix délibérative et remplaçaient dans leurs chaires les professeurs
morts ou empêchés. Leur capacité n'était pas assez
assurée par cet arrêt, qui les instituait en ouvrant une
si large voie à toutes les ambitions. Une déclaration
du 20 janvier 1700 oblige ceux qui « prétendent être
» agrégés à assister au moins durant un an, avec as-
» siduité, en habit ordinaire de docteur, aux actes
» que l'on soutient dans la Faculté et d'y disputer
» dans l'ordre qui sera prescrit par le président. »

Le concours réservé jusque-là pour les chaires est
par la même déclaration étendu aux places d'agrégés; ceux qui étaient en exercice étaient en nombre
égal avec les professeurs, juges du concours. L'âge
de trente ans éloignant de la carrière de l'enseignement un grand nombre de sujets, une nouvelle déclaration du 7 juillet 1703 l'abaisse à vingt-cinq ans
pour l'agrégation.

Les arrêts et déclarations relatifs à la nomination
des agrégés avaient laissé indécises plusieurs questions
qui ne tardèrent pas à s'élever. On se rappelle qu'à
l'époque où ces places étaient à l'élection l'élu devait réunir les deux tiers des voix. Fallait-il encore
réunir le même nombre de voix au concours? On devait, aux termes de la déclaration de 1703, se contenter
de la pluralité des voix. Celle du doyen ou autre
professeur qui le remplaçait dans la présidence du
concours devait-elle être prépondérante en cas de
partage? devait-il voter le premier ou le dernier? Ces
deux questions se présentèrent à la Faculté de Paris,

à la suite du concours terminé le 14 avril 1707, par un partage de voix entre Claude Maillot, et François Lorry, qui avait pour lui celle du doyen. Appel de la décision avait été porté au Parlement, dont plusieurs membres avaient figuré dans le jury du concours. Le Roi, dans une nouvelle déclaration du 7 septembre 1707, décida que la voix du doyen ou autre professeur qui présiderait le concours à sa place, serait prépondérante comme dans toutes les autres délibérations et que, en conséquence, il ne devait opiner que le dernier. La même déclaration adjuge à Lorry (1) la place d'agrégé en accordant, sans nouveau concours, à Maillot, la première qui viendra à vaquer dans la Faculté.

Le concours, ouvert à Dijon, donna lieu à une nouvelle question. Pour les chaires, les juges du concours devaient présenter trois sujets à l'agrément du Roi; les déclarations et arrêts du conseil, relatifs aux concours pour les places d'agrégés, disaient simplement que « les places d'agrégés seraient mises à la dispute et adjugées à la pluralité des voix à celui qui sera trouvé le plus capable » (décl. du 7 janv. 1703).

Six candidats avaient pris part au concours ouvert à Dijon, le 15 février 1726, et terminé le 12 avril par la nomination d'Antoine Juillet, à la majorité des suffrages, « lequel, » disent les registres de la Faculté, « ayant été mandé et étant entré, a prêté le » serment en tel cas requis, et a pris place. »

---

(1) Lorry est l'auteur de la *Justiniani institutionum expositio methodica*, dont la première édition a été donnée en 1757 et la dernière en 1800. C'était le manuel des étudiants de Paris jusqu'à l'arrivée à l'école de mes anciens et regrettés maîtres Blondeau et Ducaurroy, qui y ont régénéré l'étude du droit romain. Delusseux aura à Dijon le même succès que Lorry à Paris.

Ne devait-on pas, pour les places d'agrégés comme pour les chaires, présenter trois sujets à l'agrément du Roi ?

La question portée à Paris par le doyen Bret fut résolue en ce sens, par arrêt du conseil du 25 mai 1726, et la décision étendue à toutes les facultés du royaume par lettres-patentes du 17 juin. La nomination de Juillet est annulée, et les juges du concours de Dijon, invités à se réunir de nouveau pour présenter trois sujet à l'agrément de Sa Majesté. Juillet ne figure plus sur la liste des trois candidats ! Cela peut s'expliquer par l'absence du doyen, qui était encore à Paris au moment de cette seconde délibération, à laquelle assistaient d'un autre côté deux des directeurs qui n'avaient pas pris part à la première, retenus qu'ils avaient été au Parlement.

Les conséquences en furent graves ; car, pour éviter à l'avenir l'absence des juges que leurs fonctions dans d'autres corps pouvaient retenir ailleurs, Louis XIV, dans les lettres-patentes citées, réduisit les épreuves du concours, qui consistaient en deux leçons et deux argumentations faites dans quatre séances séparées par chaque candidat, à une leçon et une argumentation faites dans une seule séance de trois heures, tant sur le droit civil que sur le droit canonique. Les leçons ne devaient occuper que la première heure. D'Aguesseau revint en 1742 (décl. du 10 juin) sur cette malheureuse mesure qui, du reste, ne reçut jamais d'application à Dijon.

Jean-Baptiste Taphinon de Montbard, le premier des trois sujets présentés, remplaça Crevoisier.

Bret père n'avait pas perdu son temps à Paris. Nous connaissons déjà ses premiers agissements à

Versailles. Député par la faculté de Besançon, où il n'était que professeur du *petit banc*, pour s'opposer à la création de la Faculté de Dijon, il était revenu dans cette dernière ville avec la première chaire, le titre de Doyen et une place d'agrégé pour son fils, à peine âgé de vingt ans. Trois années ne s'étaient pas écoulées, qu'il obtenait pour ce même fils la survivance de sa chaire de professeur avec dispense d'âge et de concours ! « Pour cette fois seulement et sans tirer à » conséquence, » est-il dit, dans les lettres patentes qui soulevèrent une petite tempête dans la Faculté. Elle s'assemble sans le doyen ni son fils et délibère :

« Qu'il sera fait au roi très-humbles remontrances et sa Majesté très-humblement suppliée, au cas où il ne lui plairait dès à présent révoquer lesdites lettres de survivance et que l'affaire parût à sa Majesté mériter une instruction contradictoire, de permettre à ladite Université de se pourvoir en tant que besoin par opposition, à l'obtention desdites lettres, auquel effet seront nommés deux de MM. les professeurs pour dresser lesdites représentations et icelles envoyées incessamment.

« A cette nouvelle, — est-il dit, dans ces représentations très-dignes et très-fermes, — nos aspirants se sont découragés, et l'ardeur qui commençait à saisir nos élèves est absolument tombée. Ils croyaient jusqu'ici plus facile et plus honorable pour eux de chercher, dans leurs livres et dans un travail assidu, le prix qu'on leur propose, que de le chercher dans les routes peu connues de la faveur et du crédit; une telle route une fois montrée, pour parvenir aux places désertes des Universités, va faire infailliblement déserter l'étude et la retraite pour ne s'adresser qu'aux amis et à la sollicitation. »

Le Parlement se joignit à l'Université; ses remon-

trances sont empreintes aussi d'un grand caractère de
dignité. Bret avait, paraît-il, de puissants appuis à la
Cour; les lettres de survivance furent maintenues,
mais le Parlement ne les enregistra qu'avec cette mention dans son arrêt : « Le Roi sera très-humblement
supplié de refuser à l'avenir de pareilles lettres. »

Bret fils ne profita pas, du reste, d'une faveur qui
lui aurait fait attendre vingt-trois ans la chaire de
son père, mort en 1749 seulement. Il conquit une
autre chaire au concours.

Les professeurs devaient changer la matière de leur
enseignement tous les cinq ans. La rentrée de 1728
marquait le terme de la première période quinquen-
nale, que les professeurs ne voyaient pas arriver sans
regret. Ils s'assemblent le 31 juillet, pour demander
au garde des sceaux une prorogation de cinq autres
années, ou tel laps de temps qu'il jugerait convenir.
Ils s'étaient, disent-ils, livrés à un travail très-péni-
ble pour préparer leurs leçons : la santé de quelques-
uns en était notablement altérée, et le temps leur
manquait pour préparer de nouvelles leçons. Le premier président, directeur-né, alla à Fontainebleau
appuyer leur demande. D'Aguesseau consent à une
prorogation de trois ou cinq ans, mais à condition que
ce sera la dernière. Le changement dut s'opérer en
1733, et une nouvelle lettre du garde des sceaux décida que les professeurs devaient faire leur choix une
année à l'avance, afin de pouvoir préparer leurs
leçons. Le premier professeur avait le choix, et ainsi
de suite. Bret, doyen, qui enseignait les Institutes,
choisit le droit canonique; Bonnelier, qui faisait les
leçons de Pandectes, prit les Institutes; Delusseux,
changea le Code et les Novelles contre le Digeste, et

laissa à Fromageot, qui avait fait le cours de droit
canonique, le Code et les Novelles, qui restaient presque toujours au dernier.

L'année 1734 fut marquée par la déconfiture du
secrétaire Provin, qui avait employé à son propre
usage les fonds de l'Université. Ses comptes n'ayant
pas été réglés depuis 1729, il se trouvait reliquataire
de 11,676 livres. Il fit cession de biens, et Bannelier
fut provisoirement chargé de la recette. La Faculté
prétendait avoir une hypothèque légale sur les biens
de son comptable du jour de sa nomination. Un ar-
rangement amiable intervint avec les créanciers.
Demermety remplaça Provin; mais la Faculté prit des
précautions pour l'avenir. Les fonds durent être dé-
sormais déposés dans un coffre de fer à quatre clés,
dont l'une était remise à l'un des directeurs, une autre
à un professeur, une troisième à l'un des agrégés, et
la quatrième au secrétaire. Demermety, choqué peut-
être de ce luxe de précautions, donna sa démission
deux mois après l'installation du coffre-fort. Delusseux est chargé de la recette jusqu'à l'installation du
nouveau secrétaire Prinstet.

Le 12 août 1743, la Faculté perd son premier et
son plus illustre professeur de droit français, Davot.
Une apoplexie le foudroya dans le cabinet de M. de
Saint-Contest, intendant de la province, au moment
où il opinait avec d'autres gradués sur une affaire im-
portante renvoyée du grand Conseil pour être jugée en
dernier ressort. Né le 13 mars 1677, à Auxonne, où
son père était notaire royal, procureur au bailliage et
syndic de la ville, Gabriel Davot était reçu avocat au
parlement de Dijon le 25 juin 1696. Le 15 mars 1698,
il était substitut du procureur général.

« Bientôt, » dit Bannelier, son collègue et son ami, « il se distingua par une pénétration, une exac-
» titude, une justesse d'esprit, qui lui faisaient saisir
» le point décisif d'une affaire écartant tout le reste.
» On ne trouva jamais une judiciaire plus heureuse.
» Ses talents, soutenus d'une vaste érudition et d'une
» application sans relâche, lui procurèrent en mariage
» demoiselle Jeanne Melenet, fille de Me Jean Melenet,
» avocat de premier ordre, un de ces génies rares et
» sublimes que peu de siècles fournissent. » (Préface
des *Traités* de Davot.)

Nous parlerons de Melenet dans la liste des jurisconsultes de l'ancienne Bourgogne. Le mérite de Davot
lui fit envoyer par le roi deux commissions, l'une de
substitut de M. de Fourqueux, procureur général à la
chambre de justice, et l'autre de secrétaire du roi à
la chancellerie, pendant que les titulaires demeurè-
rent supprimés. Il en fut plus tard pourvu en titre.

Nommé à la création de la faculté de droit professeur de droit français, sur la présentation unanime
des chefs du parlement, il y a occupé la première
place, qu'il tenait déjà au palais. « Jouissant de la
» confiance universelle dans la province, son coup
» d'œil sur un procès, sur une question, était pour
» ainsi dire infaillible, et son intégrité égalant ses
» lumières, on recevait ses consultations, ses répon-
» ses, ses décisions, comme des oracles. » (*Ibid.*)

Davot laissait une riche bibliothèque et trente-trois
volumes manuscrits. Ces manuscrits n'étaient pas
tous de lui; son beau-père, excellent jurisconsulte, y
avait la plus grande part. Sur la proposition du premier président, Fyot de Lamarche, la faculté acheta
à la veuve cette riche collection au prix de 5,600 livres.

Elle fait aujourd'hui partie de la bibliothèque publique de la ville, dans laquelle a été incorporée celle de l'école de droit, à la Révolution.

Davot avait pris pour guide, dans ses leçons, les Institutes coutumières de Loysel, qui contiennent les principes du droit commun coutumier réduits, dans un style saisissant, en règles que le professeur, sous le titre modeste de notes et observations, développe dans un savant commentaire, en les rapprochant de la coutume de Bourgogne. Il fait souvent précéder le commentaire d'un exposé dogmatique éclairé par l'histoire. Il existe de nombreux manuscrits de ce travail qu'il dictait à ses élèves; j'en ai la preuve dans celui que je possède. On y lit à la fin la note suivante : « Le commentaire sur les règles de ce » dernier titre (*Des tailles et corvées*) est de M. de » Laurière, M. Davot ne l'ayant pas dicté aux » écoles. »

Le commentaire de Davot remplit un fort volume in-4°, de 609 pages, d'une écriture très-fine. Dans la dernière et précieuse édition de Loysel, donnée par MM. Dupin et Laboulaye, les savants éditeurs ont révélé le mérite de Davot, en extrayant de son œuvre d'assez nombreux fragments, auxquels les notes de l'un de nos plus grands jurisconsultes français, de Laurière, si profondément versé dans le droit coutumier, ont laissé toute leur valeur.

Davot, inaugurant un cours de droit français pour lequel il n'avait pas de modèle, sans travaux préparés, avait, comme de Launay, qui monta aussi le premier dans cette chaire à la faculté de Paris, pris le meilleur guide en choisissant Loysel; mais son esprit méthodique lui faisait regretter l'absence de liaison

des principes épars dans les règles sans aucun enchaînement. Les Institutes coutumières, excellentes au
palais pour les questions isolées qui s'y traitent,
avaient un grand défaut pour l'école. Exposer dogmatiquement les principes dans un ordre logique, en
déduire les conséquences, discuter les questions
qu'elles peuvent faire naître, en rattacher la solution
aux principes exposés, telle est la tâche du professeur, que l'absence de codification rendait plus difficile qu'elle ne l'est aujourd'hui. Davot l'entreprit et
écrivit ses *Traités sur diverses matières de droit français à l'usage du duché de Bourgogne,* où l'on trouve
rassemblés sur chaque matière, comme il le dit dans
sa préface, le droit général et commun de toute la
France, et le droit particulier de la province. La
mort l'arrêta malheureusement au milieu de ses travaux, que ses nombreuses occupations en dehors de
l'école, à laquelle ils étaient destinés, l'empêchèrent
d'achever.

Sa division générale était celle que les rédacteurs du Code ont empruntée à Justinien ou plutôt aux rédacteurs des Institutes qui suivaient Gaïus.
Dans un premier livre, il traitait des personnes; dans
un second, des choses; il devait être question, dans
les derniers, des manières de les acquérir et de les
transmettre, des obligations, et probablement aussi
des actions civiles et criminelles, de la procédure. Ses
manuscrits s'arrêtent au troisième livre.

Le premier, intitulé : *De l'état et du droit des personnes,* précédé de notions générales sur l'histoire du
droit français, se compose de douze traités rangés
dans l'ordre suivant : 1° des droits du Roi; 2° des
légitimes et des bâtards; 3° des personnes libres et

des mainmortables ; 4° des gens d'Eglise, des nobles
et des roturiers ; 5° de la puissance paternelle ; 6° des
tutelles et curatelles, de la baillisterie, de la garde-
noble et bourgeoise, des mineurs et des interdits ; 7° des
femmes en puissance de mari ; 8° des aubains ; 9° des
absents ; 10° de la mort civile et de l'infamie ; 11° des
domiciles ; 12° des communautés (personnes morales).

Ce dernier traité et celui des absents contiennent
ce qu'il y a de plus complet dans notre ancien droit
sur ces matières.

Treize traités remplissent le second livre : 1° de la
division et condition des choses ; 2° des domaines du
Roi ; 3° des fiefs ; 4° du franc-alleu ; 5° des sei-
gneuries et justices ; 6° des cens ; 7° des rentes ; 8° des
servitudes et droits de voisinage ; 9° des forêts, pâturages, rivières et étangs ; 10° de la chasse ; 11° de la
pêche ; 12° des mines ; 13° des offices.

Là s'arrêtent les manuscrits de Davot, qui n'avait
rien publié de son vivant. C'est à Bannelier son collègue, sur l'initiative du premier président Fyot de
Lamarche, que nous devons la publication des Traités
de Davot, en 1751. Il y a ajouté des notes, presque
aussi étendues que le texte, qui attestent, chez le professeur de droit romain, une connaissance très-appro-
fondie du droit français. L'accueil fait aux Traités de
Davot engagea Bannelier à continuer l'œuvre que son
collègue avait laissée inachevée. Malheureusement, au
lieu d'en faire l'objet d'un travail personnel, il s'efface
trop modestement et compose chaque traité avec des
extraits qu'il emprunte, tantôt à Davot lui-même dans
ses commentaires sur Loysel, tantôt à d'autres jurisconsultes bourguignons qui avaient écrit sur la coutume ou la jurisprudence locale, au beau-père de

Davot, Jean Melenet, notamment, le meilleur d'entre eux. Trois ou quatre sont quelquefois mis à contribution pour une même matière. Il en résulte, dans la plupart de ces traités, dont quelques-uns sont rédigés par ordre alphabétique, une grande incohérence, un défaut de vues générales, d'exposition dogmatique, qui les rend très-inférieurs à ceux de Davot. Le respect de Bannelier pour ceux auxquels il emprunte son texte est tel qu'il n'ose rien y mettre du sien; il continue à le faire suivre de notes qui lui sont très-supérieures. Ces traités forment, avec ceux de Davot, qui remplissaient les trois premiers, sept volumes in-12, publiés de 1751 à 1757. Un volume de tables, bien nécessaires pour diriger les recherches, dans les derniers volumes surtout, fut donné en 1767. Ces dispositions matérielles et les nombreuses lacunes qui existent dans les traités qui ne sont pas de Davot, appelaient des compléments et une refonte, qui furent l'œuvre d'un avocat au parlement, Petitot, dans l'édition qu'il donna en quatre volumes in-4°, 1788-89.

Duruisseau, substitut du procureur général au parlement de Dijon, succéda à Davot dans la chaire de droit français. Ses provisions sont du 27 novembre 1743. Il ne nous est rien resté de lui.

Le 21 septembre 1744, la faculté perd un autre de ses professeurs, Jean-Baptiste Fromageot. Deux de ses membres, selon la coutume, sont députés pour aller en robe porter à sa veuve les compliments de condoléance de la faculté.

Ce professeur, que les biographes confondent avec son fils, n'a laissé sur le droit que des dissertations sur des sujets particuliers, nées d'une polémique entamée avec le célèbre président Bouhier. C'est à tort qu'on lui attribue *Les lois ecclésiastiques tirées des seuls livres saints*, 1753, in-12. L'auteur de ce livre, qui n'est que le commencement d'un ouvrage beaucoup plus vaste, arrêté par sa mort arrivée le 14 août 1753, est le fils de notre professeur. Il a laissé encore un assez grand nombre de dissertations imprimées dans les mémoires de l'académie de Dijon, dont il était secrétaire. Lauréat de plusieurs académies, il correspondait avec Voltaire.

Le successeur de Fromageot fut Bret fils, qui, renonçant expressément, dans une délibération consignée aux registres de la faculté, à la survivance de la chaire de son père, conquit celle de Fromageot au concours ouvert le 1er mars 1745 et terminé le 24 du même mois. Ces lettres de survivance, si mal accueillies par l'école et le parlement, bien que ne devant pas, d'après leur texte même, tirer à conséquence, en avaient eu une très-fâcheuse, celle d'ériger la chaire de Bret père en survivance. Boisot, agrégé de la création comme Bret fils, considérait, malgré la renonciation de ce dernier, la survivance de Bret père comme existant toujours; il la sollicita et l'obtint. Bret père étant très-âgé, les lettres qui accordent sa survivance à Boisot, pour adoucir l'infraction aux règlements, contiennent la clause de coadjutorerie. Boisot fut installé comme professeur coadjuteur le 7 août 1745. Il est probable qu'il faisait le cours de Bret, qui comptait déjà plus de quarante ans de services.

La mort de l'agrégé Calon, arrivée le 27 décembre 1744, et la nomination de Bret fils à la chaire de Fromageot, laissaient vacantes deux places d'agrégé. Elles furent mises au concours le 15 décembre 1745;

sept concurrents se présentèrent. L'un d'eux, Denizet,
de Besançon, était aveugle. Il ne put prendre part à
la lutte, non à cause de son infirmité, mais parce
qu'il s'était présenté après l'ouverture du concours.
Les docteurs Arnoult et Micault, tous deux avocats au
parlement, furent nommés.

Le 5 juin 1746, une autre place d'agrégé devient
vacante, par la mort de Taphinon. Le concours s'ouvre
le 20 janvier 1747; Taphinon est remplacé par Andréa.

A partir de 1749, la bibliothèque de l'Université,
déjà nombreuse, est ouverte au public deux fois par
semaine. Chaque professeur et agrégé fait les fonctions
de bibliothécaire à son tour pendant une année, et
reçoit 100 livres de gratification à ce titre.

Le doyen Bret meurt le 12 juin 1749. Il comptait
quarante-huit années de service tant à Besançon
qu'à Dijon. Rien ne nous est resté de lui. Boisot son
coadjuteur le remplace. Bret est suivi de près par Delusseux, que la faculté perd le 23 avril 1750. Son
nom est resté classique à l'école de Dijon jusqu'à des
temps très-voisins de nous. Son *Compendium Institutionum ad usum scholæ* était dans les mains de tous les
élèves; il y remplaçait le texte des Institutes. Celui
qui savait bien *son Delusseux* était un romaniste et
n'avait rien en tout cas, disait-on, à redouter de ses
examinateurs. Une cinquième édition en a été donnée
en 1817 par M. Lagier, l'éditeur de Proudhon; c'est
celle que j'ai sous les yeux. Les principes du droit
romain y sont dogmatiquement et clairement exposés
dans l'ordre des titres des Institutes, mais non de celui des paragraphes. Un enchaînement et des déductions logiques amènent l'auteur à faire sur chaque matière un petit traité dans lequel une foule de textes

des Pandectes, du Code et des Novelles, toujours exactement cités, trouvent leur place. C'est un traité élémentaire de droit romain , s'adaptant aussi bien aux
Pandectes et au Code qu'aux Institutes , ce que l'on
appelle aujourd'hui en Allemagne un cours d'Institutes , fait suivant l'*ordre légal* adopté dans toutes les
écoles à cette époque.

Plus complet que les *Elementa* d'Heineccius, l'ouvrage de Delusseux est un des meilleurs dans le grand
nombre de ceux de ce genre publiés dans le siècle
dernier et au commencement de celui-ci. Les textes
nouvellement découverts et les travaux de l'école moderne, si bien mis en œuvre par Belime et ses successeurs dans les chaires de droit romain de la Faculté
de Dijon, y ont fait perdre à Delusseux une possession
presque séculaire. Inconnu à peu près aujourd'hui,
Jean-Louis Delusseux était né à Dijon en 1682.

Boisot, en prenant la chaire de Bret, avait laissé
vacante une place d'agrégé qui attira de nombreux
concurrents; Grabes, qui s'était déjà distingué dans les
concours précédents, l'emporta. Le concours, ouvert le
26 mai, ne fut terminé que le 21 juillet 1750. Nous y
voyons figurer quatre futurs professeurs. Le 20 novembre de la même année, nouveau concours pour la
chaire de Delusseux ; Arnoult le remplace , laissant
vacante sa place d'agrégé, qui est, avec celle d'Andréa,
mort le 4 juillet 1750, mise au concours le 7 juillet
1751. Neuf concurrents entrent en lice. Nault et
Guyot sont nommés.

La défense de porter l'épée, faite dans la déclaration de 1684 aux étudiants de toutes les facultés,
n'était guère mieux observée à Dijon qu'à Besançon.
En 1752, le meurtre de l'étudiant Godefroy fit renou-

voler par le parlement, dans l'arrêt qu'il rendit sur
cette affaire, la défense si souvent faite aux légistes,
qui n'en tenaient aucun compte.

A dater de cette époque, chaque professeur dut,
dans sa première leçon de rentrée, donner à ses élèves lecture de la déclaration de 1684; même lecture
devait être faite par le secrétaire aux étudiants assemblés pour l'élection de leur procureur général.
On fit un exemple sur un infracteur de la déclaration, en le privant d'une année d'études.

La mort de Bret fils donne ouverture au huitième
concours, dans lequel Micault est nommé le 26 janvier 1757. Bret n'a rien laissé. La place d'agrégé de
Micault est disputée par sept concurrents. Bernard le
remplace le 27 juillet 1757, et succède à Boisot dans
sa chaire, après un autre concours qui se termine le
15 juillet 1762. Jacquinot remplace Bernard comme
agrégé le 2 avril 1763.

Duruisseau, qui avait remplacé Davot dans la chaire
de droit français, meurt le 10 janvier 1764, sans
avoir rien laissé. Antoine Guyton, avocat au parlement,
présenté par le parquet, le remplace le 14 avril 1764.
C'est le père du fameux Guyton de Morveau, qui s'il-
lustra dans les sciences encore plus que dans le droit.

Le doyen Bannelier restait seul de l'ancienne
école. Né à Dijon, le 8 mai 1683, il comptait qua-
rante-trois années de service quand la mort vint le
frapper, le 28 avril 1766, à quatre-vingt-trois ans.
Son nom, le plus connu aujourd'hui des professeurs de
l'ancienne faculté, a été donné à la rue qui avoisinait
les bâtiments du couvent des Jacobins, dans lequel
l'Université louait les salles nécessaires à ses cours et
à ses exercices.

Bannelier, quoique professeur de droit romain, doit,
comme Dunod, sa célébrité à ses travaux sur le droit
français, qu'il connaissait parfaitement. Le premier au
palais, qu'il fréquentait depuis plus de soixante ans,
sa réputation le faisait consulter dans toutes les matières importantes. La tradition nous le représente,
dit un de ses biographes, honoré de ses concitoyens
à cause de son érudition, et aimé à cause de son désintéressement. Je dois à l'obligeance de M. Meaux,
président honoraire du tribunal de Dijon, qui m'en a
fait cadeau, l'œuvre principale de Bannelier, qui n'a
pas été publiée, le manuscrit contenant les dictées
qu'il faisait à ses élèves sur les Pandectes, le Code et
les Novelles. On en tirait encore des copies au commencement de ce siècle. L'auteur en avait extrait une
Introduction à l'étude du Digeste, qu'il publia en français en 1730. C'est une brochure de 60 pages in-12,
destinée vraisemblablement à ses élèves. Partisan de
l'ordre *légal*, alors dominant dans les écoles, il faisait
ses leçons en suivant l'ordre des livres et des titres
des Pandectes, dont il nous montre la liaison et l'enchaînement dans son introduction. Nulle part, je ne les
ai vus mieux présentés. Dans ses dictées manuscrites,
il donne en latin un exposé des principes sur chaque
titre qu'il a toujours soin de faire suivre de la partie
correspondante du droit français en langue française;
les développements oraux suivaient la dictée. Son enseignement très-goûté, ses notes sur les Traités de
Davot que nous connaissons, sa continuation de ces
Traités et ses observations sur la coutume de Bourgogne, qui forment un volume séparé que l'on ajoute
d'ordinaire aux Traités, ont fondé sa réputation et
marqué sa place à côté des meilleurs jurisconsultes du

siècle dernier. C'est à tort qu'on lui attribue le *Traité des Chetels*, imprimé à Dijon sans nom d'auteur en 1765, 1 vol. in-12. Cette bonne monographie, sur une matière très-pratique qui n'avait pas encore fait l'objet d'un traité spécial, est de Colas, avocat au parlement de Dijon, ancien élève de Bannelier, qui l'aida probablement de ses conseils.

Arnoult lui succéda dans le décanat, qui revenait de droit, comme cela devrait être encore, au plus ancien professeur. Le concours ouvert le 31 décembre 1766 fit monter l'agrégé Nault dans la chaire de Bannelier. Une dispute de préséance entre les trésoriers de France et les présidents et conseillers à la cour des comptes de Dijon fait voir de quelles solennités ces épreuves étaient entourées. Le côté droit de la salle était réservé au parlement, et le côté gauche aux autres compagnies.

Lagoutte remplace Nault dans l'agrégation, à la suite d'un concours ouvert le 1er juillet 1767, dans lequel les deux trésoriers maintiennent leur droit de préséance sur la chambre des comptes, en demandant acte de la possession qu'ils avaient prise déjà, au concours précédent, des fauteuils du premier rang.

L'année suivante, la faculté perdit son professeur de droit français, Guyton, mort le 26 février 1768. Il fut remplacé par Voisin, substitut du procureur général.

Les membres de la faculté de droit, unissant la pratique à la théorie, se distinguaient au palais. En 1769, l'agrégé Guyot, avocat très-remarqué, est nommé procureur général au conseil supérieur de la Corse. La lettre du chancelier qui l'annonce à la Faculté donne un sursis de six mois pour la mise de sa place au concours sursis prolongé par une seconde lettre

jusqu'au 1er janvier 1771. Guyot coupa court à ces
sursis, qui entravaient le service de l'école, en adres-
sant, dans une lettre touchante, sa démission à ses
anciens collègues.

Guyot, membre de l'Académie de Dijon depuis
1747, y a laissé des pièces dont le titre seul donne
une idée de son caractère. En voici quelques unes :
*Discours sur le bonheur; sur le pardon des injures; sur
la modestie; sur les avantages de l'adversité*, etc. Il fut
remplacé à la Faculté par Bretin, qui, s'étant déjà fort
distingué dans les concours précédents, où il avait été
présenté à l'agrément du roi, ne rencontra personne
qui voulût lutter avec lui. Nommé directement, ses
provisions sont du 16 juin 1771.

Le quinzième cours s'ouvrit le 3 janvier 1776.
L'agrégé Grabes y obtint la chaire de Micault, mort
le 29 mars 1775. Micault a laissé un curieux manuscrit sur les événements qui se passèrent à Dijon de
1742 à 1774, mais rien sur le droit.

Au concours ouvert le 28 mai 1777 pour la place
d'agrégé de Grabes , six candidats se présentèrent,
parmi lesquels Nault, dont le père était professeur. Il
y avait là une contravention à la déclaration du
29 juillet 1712, qui ne permettait pas aux parents du
troisième degré de faire partie de la même faculté.
Le roi n'avait-il pas apporté un dérogation implicite à
cette déclaration, en nommant, à la création de la
faculté de Dijon, Bret père professeur, et son fils
agrégé? La faculté en réfère au chancelier, qui y voit
l'abrogation implicite; seulement, le père et le fils ne
pourront siéger ensemble dans les concours, thèses
et examens, et Nault père ne pourra être juge du
concours. Nault fils, qui s'était très-bien tiré de ses

épreuves, ne fut présenté que le second : la première
place avait été conquise par Louis Saverot, qui, à l'âge
de vingt-trois ans, pourvu d'une dispense d'âge pour
concourir, remplaça Grabes. La position de Nault ne lui
était pas favorable. Au concours suivant, qui s'ouvrit
le 29 mai 1782, pour la place d'agrégé vacante par
la mort de Lagoutte, Nault, bien qu'ayant obtenu
le premier rang sur sept adversaires, se vit préférer
Joly, qui n'avait été placé qu'au second par les juges.
Mais il ne devait pas attendre longtemps. Le doyen
Arnoult était mort le 18 juin 1782, pendant le dernier
concours. Bernard, qui lui succéda dans le décanat,
mourut lui-même le 18 septembre de la même année.
Deux chaires étaient vacantes : Jacquinot, le plus ancien des agrégés, fut nommé sans concours à celle
d'Arnoult, attendu, est-il dit dans ses lettres de provision, que sa mise au concours occasionnerait des
retards préjudiciables aux études. Il est rare qu'un
abus n'en amène pas un autre. Nault demanda à son
tour la place d'agrégé de Jacquinot. La faculté, con-
sultée par le garde des sceaux, souffrait de la violation
de ses règlements ; elle le fit sentir à Nault fils ; il
dut signer sur les registres un désistement de sa demande, que le chancelier, dans sa lettre, paraissait
disposé à accueillir.

Le concours pour la chaire de Bernard s'ouvrit le
5 mars 1783 : Bretin l'emporta. Les deux places
d'agrégés de Bretin et de Jacquinot amenèrent sept
candidats au concours ouvert le 11 juin 1783. Guillemot et Nault fils furent nommés.

La décadence des études de droit dans toutes les
Universités du royaume finit par attirer l'attention du
gouvernement. Un plan de réforme fut, en 1786, de-

mandé à la faculté de Paris. Celle-ci, par l'organe de M. de Barentin, son doyen d'honneur, crut devoir consulter toutes les facultés de droit. Voici la série des questions adressées à celle de Dijon, et probablement à toutes les autres :

1° De combien de professeurs est composée la faculté de droit ?

2° S'ils dictent les cahiers ou s'ils expliquent le texte ?

3° Si les écoliers vont en classe assidument ?

4° Si on les interroge ou s'ils disputent en classe, ou si le professeur ne fait qu'expliquer ?

5° Quel est l'ordre des matières que suivent les professeurs pendant le cours des années, et si les écoliers changent de professeurs ou s'ils ont les mêmes pendant le cours du baccalauréat et de la licence ?

6° Si les professeurs ont des appointements ou des droits seulement sur les examens, les thèses et les inscriptions ?

7° S'il y a un professeur de droit français ou de droit coutumier ?

8° Combien les étudiants soutiennent-ils de thèses et subissent-ils d'examens pour le baccalauréat et la licence ?

9° S'il en est de même pour ceux qui font leur droit par bénéfice d'âge ?

10° S'il y a des docteurs agrégés, et quels sont leurs émoluments ?

11° S'ils sont les seuls qui aient le droit de répéter les étudiants, ou si les simples docteurs ont également ce droit, et si les professeurs l'ont aussi ?

12° S'il ne serait pas utile que les cahiers fussent imprimés ?

13º Enfin, messieurs de la faculté sont priés d'ajouter aux questions ce qu'ils croient convenable et plus utile pour un plan de réforme.

La réponse aux douze premières questions se trouve au commencement de cet article, où nous indiquons aussi les causes qui, selon nous, avaient amené la décadence des études de droit.

Il fallait donner au droit français, vers lequel tendaient toutes les aspirations, tous les travaux, la place qu'il occupe aujourd'hui; ne plus faire du droit romain, en lui laissant son caractère propre, l'étude presque unique des professeurs et des élèves. Le temps trop court de trois ans ne permettait de l'étudier que très-superficiellement, et le droit français était à peine entrevu ¡dans une seule année. L'augmentation du temps des études, et surtout du nombre des professeurs, était essentielle. Les professeurs de droit romain pressés par le temps et par la nécessité de donner à leurs élèves des notions pratiques, ne faisaient plus que des espèces de paratitles très-succincts sur les Pandectes et le Code, en y mêlant les principes les plus généraux du droit français, comme j'ai pu le constater dans les cahiers de Bannelier. Quant au professeur de droit français, comment pouvait-il, dans une année, enseigner toutes les branches du droit. S'il partageait son cours en plusieurs années, que devaient savoir les élèves qui n'en suivaient qu'une ! Pour le droit canonique, l'unique professeur chargé de l'enseigner en une année ne pouvait qu'en esquisser tout au plus les éléments.

Que répondit la faculté de Dijon? Aux douze premières questions, elle ne pouvait répondre que ce que nous savons de sa constitution. La treizième question

lui laissait le champ libre pour indiquer les réformes
à faire.

Voici sa réponse :

« Tout est prévu et sagement combiné, et quant à la
forme et quant au fond de l'enseignement, par les édits,
déclarations, lettres patentes, de 1679, 1682, 1690, 1700,
et par les statuts particuliers, notamment par celui de
1723, spécial à l'Université de Dijon.

» Ce ne sont pas les préceptes ni les règles qui manquent. S'il s'est introduit quelque relâchement sur leur
exécution, un plan de réforme qui aurait pour objet
une nouvelle méthode ne rendrait l'enseignement ni
meilleur ni plus utile. Le régime tracé par les lois publiques et connues ne laisse rien à désirer. C'est contre les
infracteurs de ces lois que le gouvernement doit faire usage
de son autorité, et l'Université est persuadée que la pleine
et parfaite observation des anciens règlements est le plus
prompt comme le plus sûr moyen de rétablir et de maintenir l'utilité et le progrès des études. »

La faculté de Dijon ne s'apercevait pas qu'à partir
du dix-septième siècle les grands jurisconsultes,
tous adonnés au droit français, ne se formaient plus à
l'école, mais au palais. Il suffit de nommer Domat,
Lebrun, Renusson, Furgole, Duplessis, Ricard, Bac-
quet, Despeisses, Henrys, Bourjon, etc. Les seuls
traités remarquables sortis des écoles étaient des traités de droit français. Pourquoi donc cet unique pr -
fesseur de droit français était-il dans une position si
inférieure à celle des autres professeurs, qu'il ne pouvait appeler ses collègues que dans les facultés de
Besançon et de Dijon, quand il leur était presque
toujours supérieur, comme Serres, à Montpellier ;

Boutaric, à Toulouse; Davot, à Dijon; Pocquet de
Livonnière, à Angers; Poullain-Duparc, à Rennes;
Prévot de la Jannés et Pothier, à Orléans! Il est facile
d'apercevoir les véritables causes du mal, quand on
compare nos facultés actuelles, qui sont cependant
loin d'être organisées comme elles devraient l'être,
avec ce qu'elles étaient devenues depuis Louis XIV.
Nous avons malheureusement conservé de lui la
triennalité des études et le nombre encore trop restreint des professeurs, bien que presque doublé depuis la réorganisation des facultés. Est-il possible à
un seul professeur d'enseigner dans une année la
procédure civile, la procédure criminelle et le droit
pénal? Le droit constitutionnel, le droit public, le
droit administratif, peuvent à peine être ébauchés dans
une année par le professeur de droit administratif, seul
chargé de ces branches de la science dans les facultés
de province. Le droit des gens, l'histoire du droit, l'ancien droit français, dont l'étude serait si utile, n'y sont
pas enseignés. Les professeurs de droit civil ne peuvent
même, dans trois années, donner à leur enseignement
les développements qu'il comporte, ou sont obligés
de laisser complétement dans l'ombre un certain
nombre de matières. Malgré ces vices d'organisation,
qui n'échapperont pas, il faut l'espérer, à la commission chargée en ce moment de la réorganisation de
l'enseignement supérieur, nul pays n'a donné dans ce
siècle d'aussi nombreux et d'aussi bons travaux que
la France sur son droit national, et il est juste d'ajouter que ses facultés de droit y ont la plus large et la
plus belle part. Le droit romain lui-même, depuis
l'heureuse création de la seconde chaire, y a repris
la place que nos nouveaux codes lui avaient fait per-

dre. Il est beaucoup mieux et plus complétement
enseigné qu'il ne l'était au siècle dernier, étudié dans
ses sources et dégagé d'alliance avec le droit français.
Une chaire de Pandectes, dans laquelle le professeur choisirait librement les matières de son enseignement, nous ramènerait aux beaux jours du seizième siècle.

Napoléon, comme Louis XIV, voulait qu'on allât
vite : il suffisait pour lui de la lecture de ses codes.
Le fond de son plan nous est resté.

Revenons à notre ancienne faculté de Dijon. On voit
difficilement sa propre décadence. L'habitude et les
traditions étaient là. Elle continua doucement à suivre
l'ornière dans laquelle la Révolution devait la renver-
ser. Les professeurs qui suivirent ceux de la première
création ne nous ont rien laissé. Je ne fais pas, avec les
biographes bourguignons, d'exception pour Jacquinot,
considéré par eux comme l'auteur d'un livre imprimé
en 1789, qui a pour titre : *Comes juridicus, seu compen-*
diarius legum romanarum delectus, illarum tantum-
modo quæ breviores sunt nec a gallicis usibus alienæ et
præsertim quas nemo non intelligat ; offerens digestas
ordine alphabetico materias ; tyronibus imprimis desti-
natus ; ab uno ex antecessoribus Universitatis Divo-
nensis ; car Jacquinot n'avait fait que l'extraire d'un
travail plus considérable, entrepris par Davot pour son
usage personnel, resté en manuscrit dans la bibliothèque de la faculté, qui paya sur les fonds communs
les frais d'impression, ainsi que cela résulte d'une
délibération en date du 6 février 1789. Aussi Jacquinot, qui d'ailleurs nous en prévient dans sa préface,
n'a-t-il pas mis son nom sur le livre attribué à tort à
Jacquinot-Pampelune, son fils, par Camus et Dupin.

Nault, mort au mois d'avril 1786, fut remplacé dans
le décanat par Voisin, professeur de droit français.
Le concours ouvert le 22 novembre fit monter dans
sa chaire Saverot, dont la place d'agrégé, mise au
concours le 13 juin 1787, fut donnée à Bouvier.

Les Etats de Bourgogne s'étaient assemblés à Dijon
à la fin de 1788. Une lettre du marquis de Digoine,
secrétaire de la noblesse, en date du 26 décembre,
invite la faculté à élire dans son sein des députés
pour s'unir à ceux de la noblesse et délibérer en commun sur les vœux à présenter aux Etats généraux qui
allaient être convoqués. Saverot et Bouvier, élus par
leurs collègues, se rendent à la Chambre de la noblesse, à laquelle ils se joignent pour renoncer ensemble à l'exemption des tailles et impôts dont ils
étaient exempts, aux termes des lettres patentes d'érection de l'Université.

Grabes meurt le 8 janvier 1789, et la Révolution
éclate pendant les épreuves du concours qui doit lui
donner un successeur. Commencé le 1er juillet, il est
clos le 3 août par la présentation de Joly en première
ligne, Guillemot deuxième, Bouvier troisième; mais nous
ne trouvons pas sur les registres de lettres de nomination. Joly continue à figurer comme agrégé jusqu'à
la suppression de la faculté. Elle avait, le 29 juillet,
envoyé 600 livres à titre de secours de bienfaisance
à l'hôtel de ville, et 1000 autres livres le 14 décembre
pour acheter des blés, bien que les fonds affectés par
la ville et la province au traitement des professeurs
n'eussent pas été déposés régulièrement. Le 4 janvier
1791, une portion des traitements dus est seulement
payée, et en assignats de 200 et 300 livres, que le
secrétaire, pour pouvoir les diviser, est obligé de

changer avec un fort escompte contre de la monnaie.
Le nombre toujours décroissant des élèves avait di-
minué considérablement les émoluments des degrés.
Les bedeaux et autres suppôts de la faculté, à laquelle
la ville devait 6,000 livres, ne pouvaient plus vivre ;
la faculté pria les officiers municipaux de vouloir bien
leur payer la somme de 300 livres à diviser entre eux.
Les registres ne nous disent pas s'il fut fait droit à
la requête. Les élèves étaient réduits à moins de 20.
Leur nombre avait varié dans les proportions suivantes :

A la création de l'école, en novembre 1723, 117
inscriptions avaient été prises. Ce chiffre, réduit à 99
à pareille époque de l'année suivante, remonta à 112
en 1725, pour retomber à 74 en 1737, arriver en 1746
à 158, s'y maintenir pendant vingt ans, et atteindre
enfin en 1773 le maximum de 209, qui ne fut jamais
dépassé. Jusqu'en 1788, le nombre des inscriptions
varia de 175 à 200 ; mais en novembre 1789, les registres ne constatent plus la présence que de 89 élèves, tandis que 166 fréquentaient encore l'école au
mois de juillet. Au mois de novembre 1790, on ne
trouve plus que 46 étudiants, sur lesquels trois seulement prennent leur première inscription. En novembre 1791, trois nouvelles inscriptions sur un total de
18 ; en janvier et avril 1792, les registres n'en men-
tionnent plus que 16. Enfin, au mois de juillet de la
même année, il ne reste plus que 11 noms sur les
registres.

l'Assemblée constituante voulait réorganiser l'instruction publique. Un décret du 22 mars 1791 ajourne
la nomination du recteur de l'Université de Paris à
l'organisation de l'instruction publique. Jusqu'à la

même époque, les chaires vacantes seront occupées par les agrégés. Nul professeur ou agrégé ne pourra continuer ses fonctions sans prêter le serment civique. Un décret des 15-17 avril déclare déchus de leurs fonctions tous ceux qui ne l'avaient pas prêté à cette époque : les directoires de département devaient pourvoir à leur remplacement.

On était, sur cet article, en retard à Dijon, au moins pour la faculté de droit. Une lettre du sieur Renon, substitut du procureur de la Commune, datée du 6 décembre 1791, est adressée au doyen et aux professeurs pour les inviter à venir le lendemain à l'hôtel de ville prêter le serment et désigner celui d'entre eux qui enseignera les principes de la constitution. Le doyen Voisin assemble la faculté, et dit à ses collègues « qu'il se fait un devoir de déposer dans » le sein même de l'Université ses sentiments, et » qu'il déclare que le serment d'être fidèle à la na- » tion, à la loi et au roi était gravé en caractères inef- » façables dans son cœur, comme il devait l'être dans » celui de tout bon Français ; qu'il est disposé à le » renouveler dans tous les temps, mais que, la con- » stitution renfermant des objets qui répugnent à sa » raison et à sa conscience, il ne peut prêter le nou- » veau serment que l'on exige de lui, lequel serment » lui imposerait l'obligation rigoureuse de professer » et enseigner publiquement plusieurs maximes con- » traires à ses principes religieux et politiques ; qu'en » conséquence, il s'abstiendra de déférer à l'invitation » qui lui est faite de la part de M. Renon. »

Saverot et Joly adhèrent à la déclaration de Voisin. Jacquinot déclare, au contraire, qu'il déférera à l'invitation et se charge d'enseigner les principes de la

constitution. Nault fait la même déclaration, et tous deux sont chargés par la faculté de présenter à « mes-
» sieurs du conseil de la Commune l'extrait de la
» présente délibération. » Bretin et Bouvier étaient à la campagne. Ce dernier, le 12 décembre 1791, dans une assemblée de la faculté, qui n'est plus composée que de Jacquinot, Joly et lui, refuse le serment.

Guillemot était président du tribunal du district de Beaune, depuis sa création en 1790, lorsqu'il fut élu, en 1795, député de la Côte-d'Or aux Cinq-Cents. Réélu en 1799, il approuva le 18 brumaire, et fit partie du Corps législatif. Membre du tribunal d'appel de Dijon en l'an XIII, il fut nommé professeur de droit romain au rétablissement de l'école de droit, en 1806. Président de chambre en 1811, il quitta en 1814 sa chaire, que ses fonctions de magistrat l'obligeaient à laisser presque constamment aux mains d'un suppléant. Admis en 1825, sur sa demande, à la retraite, il se retira dans son lieu de naissance, à Savigny-sous-Beaune, où il mourut en 1837.

Nault, qui avait comme Guillemot adhéré aux nouveaux principes, fit partie du tribunal du district de Dijon. A la réorganisation des tribunaux de département (const. du 5 fruct. an III), il fut nommé juge dans celui de la Côte-d'Or. Il occupait encore cette position, lorsqu'il mourut, en 1707, laissant un fils, Jean-Paul-Bernard Nault, qui, comme son père et son aïeul, avait suivi la carrière du droit. Né à Dijon, le 10 juillet 1781, la brillante réputation qu'il s'y était acquise au barreau le fit appeler, le 10 janvier 1812, à la place d'avocat général laissée vacante à la Cour de Dijon par Jacquinot, nommé procureur général à la Haye. Nault était procureur général depuis 1822,

lorsque la révolution de 1830 le rendit à la culture des
lettres qu'il aimait passionément. Il prit à l'académie
de sa ville natale le premier rang qu'il avait occupé au
palais. Nault avait refusé les fonctions de procureur
général à Lyon et d'avocat général à la cour de cassation. Au mois de mai 1830, il fut question de l'élever à la dignité de garde des sceaux. Vingt-six années s'écoulèrent encore pour lui dans la retraite,
entre ses livres et ses amis. Nault a laissé un grand
nombre de pièces imprimées dans les mémoires de
l'académie de Dijon, et des manuscrits.

Jacquinot, qui avait aussi adhéré aux nouveaux
principes et s'était chargé d'enseigner la constitution,
est mort à Dijon le 17 thermidor an VII, laissant
deux fils, qui ont aussi illustré la magistrature. L'un,
Jacquinot de Pampelune (du nom de sa femme), né à
Dijon en 1771, mort à Paris en 1835, a été avocat à
Dijon de 1790 à 1811, puis avocat général à la cour
impériale de sa ville natale, procureur général à la
Haye en (1812) à Colmar après les Cent jours, procureur du roi au tribunal de la Seine, maître des requêtes, député, président du collége électoral de l'Yonne,
conseiller d'Etat et attaché au comité de législation en
1822, procureur général à Paris en 1826. Jacquinot,
très-habile jurisconsulte, fut aussi rendu par la révolution de 1830 à la vie privée, qu'il quitta en 1834,
pour reprendre son siége à la chambre des députés.
Il s'était fait en 1830 inscrire au tableau des avocats. Son frère, Jacquinot-Godard, aussi avocat général à la cour de Dijon, est mort conseiller à la cour
de cassation.

L'honnête et vertueux doyen Voisin, déchu par
suite de son refus de prestation de serment, était bien

naturellement désigné à Bernard de Saintes et à ses
dignes acolytes, lorsqu'ils vinrent organiser la Terreur
à Dijon. Enfermé au Château comme suspect, il y
mourut de chagrin le 3 octobre 1794, âgé de 67 ans.

J'ai le manuscrit qu'il dictait à ses élèves dans ses
leçons de droit français. Il est compris dans deux volumes petit in-4°, contenant ensemble 757 pages, sous
ce titre : *Institution au droit français.* Plus complet
que Davot, Voisin expose très-clairement et très-net-
tement les principes du droit français, en rapprochant,
quand elle s'en écarte, la coutume de Bourgogne du
droit commun coutumier. Il suit la division ordinaire,
partage son institution en trois livres : les personnes,
les choses, les manières de les acquérir et de les conserver.

Le premier livre, précédé d'une introduction historique, est composé des quinze chapitres suivants :
Des Légitimes et des Bâtards ; — des Aubains et des
Etrangers ; — de la Mainmorte ; — de la Puissance
paternelle ; — des Mineurs ; — de la Tutelle ; — de
la Baillisterie ; — de la Curatelle et des Curateurs ; —
de la Puissance maritale ; — de la Noblesse et des
Roturiers ; — de la Mort civile et de l'Infamie ; —
des Absents ; — du Domicile ; — des Communautés.

Le second livre comprend les vingt-sept titres suivants : Des Choses, de leur division et condition ; —
des Banalités ; — des Cens ; — des Rentes ; — du
Franc-Alleu ; — des Servitudes ; — de l'Usufruit, de
l'Usage et de l'Habitation ; — des Forêts, Pâturages
et Rivières ; — de la Chasse ; — de la Pêche ; — des
Fiefs ; — de la Foi et Hommage ; — de l'Aveu et Dé-
nombrement ; — de la Saisie féodale ; — de la Com-

mise ; — du Retrait féodal ; — du Retrait lignager ; —
des Justices ; — des Épaves et Trésors ; — de la Dés-
hérence et Biens vacants ; — du Droit d'indire ; — des
Amendes et Confiscations ; — du Droit de colombier ;
— du Droit de triage ; — des Corvées ; — du Droit de
guet et de garde ; — des Droits honorifiques.

Le troisième livre contient dix-sept chapitres : De la
Possession ; — de la Prescription ; — des Offices ; —
des Donations ; — des Incapacités de donner et de
recevoir ; — des Testaments ; des Donations à cause
de mort ; — de ces Donations en pays de droit écrit ;
— du Testament militaire ; — du Testament en temps
de peste ; — des Notaires ; — des Témoins ; — du
Don mutuel ; — de l'Institution d'héritier ; — de la
Légitime ; — de la Prétérition ; — de l'Exhérédation.

On voit que le professeur s'attachait surtout aux
matières sur lesquelles la coutume de Bourgogne avait
des dispositions. La théorie des contrats et des obligations, prise en entier dans le droit romain, n'était
pas faite au cours de droit français à Dijon.

Pothier, le premier des professeurs de droit français, a fait des traités très-complets sur presque toutes les matières du droit ; mais il n'était pas possible
qu'il les développât dans ses leçons comme nous les
voyons développées dans ses livres, à moins de par-
tager son cours en plusieurs années.

Saverot, Joly et Bouvier avaient, en adhérant à la
déclaration de Voisin, refusé de prêter le serment et
perdu en conséquence leur position à l'Université.
Saverot rentra au barreau, où ses brillants succès lui
valurent en 1816 une place de conseiller à la cour
royale. Son fils Edme-Louis, et son petit-fils Edme-
Victor, tous deux présidents à la même cour, ce

dernier aujourd'hui en fonction, y ont continué dignement les traditions paternelles.

Bouvier (Claude-Pierre) était Franc-Comtois. Né à
Dôle, il s'y retira. Président de l'administration centrale du Jura, maire de sa ville natale à la réorganisation de l'an VIII, vice-président du Corps législatif,
baron de l'Empire, procureur général près des cours
de Limoges et de Besançon, il fut maintenu dans ce
dernier poste sous la Restauration. La révolution de
1830 le surprit dans la retraite. Appelé par ses concitoyens à la mairie de Dôle, il accepta de nouveau
ces fonctions, qu'il remplit le reste de sa vie avec la
générosité de caractère qui, dans de mauvais jours,
l'avait porté à s'offrir pour défenseur et pour otage
de Louis XVI (Gabriel Dumay).

Nous retrouverons Joly et Bretin, restés à l'écart
pendant la Révolution, à la réorganisation de la nouvelle école de droit. L'ancienne avait fini en 1792.

L'ÉCOLE CENTRALE DE LA CÔTE-D'OR.

L'enseignement du droit fut interrompu à Dijon
jusqu'à la création des écoles centrales. Nous avons
vu, en terminant l'histoire de l'université de Besançon, comment ces écoles étaient composées ; un seul
professeur devait y enseigner *la législation*. Appelé à
cette chaire par le choix du directoire de la Côte-d'Or,
Bénigne Poncet, l'un des meilleurs élèves de l'ancienne faculté, fut *requis*, selon l'expression du temps,
pour l'instruction publique, le 20 décembre 1795. Né
le 20 octobre 1766, reçu avocat au parlement de
Bourgogne le 20 décembre 1785, le futur professeur

payait sa dette à la patrie, lorsqu'il fut, par l'élection des administrateurs de son département, rendu à ses chères études. Nommé par ses camarades lieutenant dans un bataillon de grenadiers de la Côte-d'Or, il avait pris part en 1793 à la belle défense de Valenciennes. Blessé grièvement dans un ouvrage avancé, il avait, après la reddition de la place, suivi son bataillon à Lyon, puis en Savoie, où il fut promu au grade de capitaine. C'est là qu'il reçut sa *réquisition* pour venir enseigner la législation à l'école centrale de son département. Il vint prendre possession de sa chaire dans les premiers jours de l'année 1796.

Il fallait former des sujets pour les tribunaux qui se réorganisaient. Poncet comprit très-bien sa mission. Il n'était pas possible à un professeur unique d'enseigner en détail toutes les branches de la législation. Aussi, après des notions générales assez étendues prises d'un point de vue élevé, très-clairement déduites, sur le droit, ses fondements, ses différentes branches, dans lesquelles le droit public tient la plus large place, le professeur aborde l'explication approfondie du droit privé renfermé plus tard dans le code civil, puisé alors, pour la plus grande partie, dans l'ancienne législation, et pour le reste dans les lois intermédiaires déjà rendues. Il suit la coutume du duché de Bourgogne pour les parties qui y étaient traitées ; Pothier et Domat sont ses guides dans les autres. Je dois à l'obligeance de M. l'avocat général Beaune la communication des cahiers originaux du professeur. Il n'est pas possible d'être plus clair, plus net et plus précis. Le cours de Poncet était tellement apprécié, que les ministres d'alors, Quinette et François de Neufchâteau, voulaient le faire imprimer aux frais de l'Etat. La rédaction du code civil, dont il n'y avait plus guère à mettre que les numéros d'articles en marge des cahiers du professeur, ainsi qu'il l'a fait lui-même plus tard, arrêta la réalisation de ce projet.

Poncet fut le rénovateur des études juridiques à Dijon. Très-versé dans la connaissance du droit romain et de l'ancien droit, qu'il rapproche toujours du droit nouveau, rejetant les faux systèmes de philosophie introduits pendant la période révolutionnaire dans l'étude du droit ou plutôt dans les idées que certaines personnes se faisaient de cette science, il renoua la tradition et rendit au droit son véritable caractère. On cite encore aujourd'hui les magistrats éminents, les excellents avocats formés à ses leçons, recueillies avec soin et transmises de main en main par ses élèves. Aussi sa place était-elle marquée dans la nouvelle faculté de droit, où nous allons le retrouver. Il n'avait pas cessé d'enseigner; car, après la suppression de la chaire de législation, qu'il occupa jusqu'au 24 octobre 1803, il continua, comme Proudhon à Besançon, ses leçons gratuitement, jusqu'au rétablissement de la faculté dans laquelle il allait l'avoir pour collègue.

Heureux les départements qui avaient eu de tels hommes pour maintenir à sa hauteur la science du droit contre les idées spéculatives de certains conventionnels, qui voulaient confier à une commission de philosophes la rédaction de nos nouveaux codes! Un seul professeur leur avait paru aussi bien suffisant pour exposer dans une année des *vérités sociales* à ceux qui n'auraient pas été assez bien doués pour les posséder par intuition.

LA NOUVELLE ÉCOLE ET LA FACULTÉ DE DROIT
DE DIJON.

Telles n'étaient pas les idées du premier consul.

La loi du 11 floréal an X (1er mai 1802) annonçait, dans ses articles 24 et 25, le rétablissement des écoles de droit. « C'est au moment où la nation française » va jouir d'un code que la sagesse et les lumières » lui ont préparé par les travaux les plus infatiga- » bles, qu'il est surtout utile de lui offrir les moyens » d'étudier ses lois et de former pour leur défense » des hommes capables d'en apprécier le mérite et » d'en faire une sage application » (Exposé des mo- tifs de la loi qui rétablissait les écoles de droit, par le conseiller d'état Fourcroy). Cette loi fut celle du 22 ventôse an XII (13 mars 1804). Il était dit, dans son article premier : « Les écoles de droit seront or- » ganisées successivement dans le cours de l'an XIII » et de l'an XIV.

» Art. 2. On y enseignera : 1° le droit civil fran- » çais dans l'ordre établi par le code civil, les élé- » ments du droit naturel et du droit des gens, et le » droit romain dans ses rapports avec le droit fran- » çais ;

» 2° Le droit public français et le droit civil dans « ses rapports avec l'administration publique ;

» 3° La législation criminelle et la procédure civile » et criminelle. »

L'article 38 laissait à pourvoir, par des règlements d'administration publique, à la désignation détaillée de la matière de l'enseignement, indiquée d'une ma-

nière assez générale dans l'article que nous venons de
citer.

Où seraient placées les nouvelles écoles de droit?
Un vaste champ était ouvert à la compétition des
grandes villes. L'ancienne rivalité entre Dijon et Besançon fit faire à chacune d'elles de grands efforts
pour obtenir l'école. Poncet envoya au premier consul un mémoire bien pressant en faveur de Dijon,
mémoire qui pesa beaucoup dans la balance. Ses
deux compatriotes, le conseiller d'état Berlier, son
cousin, et Maret, plus tard duc de Bassano, très-
appréciés par le premier consul, unirent leurs efforts
à ceux de leur ami; Dijon l'emporta. Le décret du
4 complémentaire an XII (21 septembre 1804) désigne comme siége des nouvelles écoles de droit : les
villes de Paris, Dijon, Turin, Grenoble, Aix, Toulouse, Poitiers, Rennes, Caen, Bruxelles, Coblentz,
Strasbourg. Cinq inspecteurs généraux se partageaient
la surveillance de ces écoles. Paris et Dijon formaient
un ressort d'inspection.

Le personnel de chaque école se composait de
cinq professeurs et de deux suppléants. Le nombre
pourra en être augmenté par un décret impérial suivant l'importance et le succès que les écoles auront
obtenus (art. 9).

Un professeur enseignera tous les ans les Instituts
de Justinien et le droit romain.

Trois professeurs feront chacun en trois ans un
cours complet sur le code civil des Français, de manière qu'il y ait un cours qui s'ouvre chaque année.

Dans la seconde et la troisième année, outre la suite
du code civil des Français, on enseignera le droit public français et le droit civil dans ses rapports avec

l'administration publique; c'était le cours de droit public et administratif imposé aux professeurs de code civil en dehors de leur cours ordinaire. Provisoirement, pendant les deux premières années qui suivirent la réorganisation des écoles, ce cours fut fait par les deux professeurs de code civil, qui attendaient leur tour pour commencer. Il ne fut plus fait depuis, jusqu'à la création des chaires de droit administratif.

Enfin, un professeur devait faire un cours annuel de législation criminelle et de procédure civile et criminelle (art. 10).

Dans chaque école, l'un des professeur était directeur. L'école avait aussi un secrétaire, un conseil de discipline et d'enseignement, et un bureau d'administration (art. 17). Le directeur était nommé pour trois ans par l'Empereur, et rééligible.

Le conseil de discipline et d'enseignement était composé de magistrats et de jurisconsultes anciens ou en exercice nommés par l'Empereur. Leur nombre ne pouvait excéder douze, non compris le directeur de l'école, qui y avait séance de droit (art. 21).

Le conseil devait nommer chaque année, parmi ses membres, un doyen d'honneur qui le présidait et qui avait aussi la présidence aux actes publics de l'école (art. 22).

Les fonctions de ce conseil consistaient à surveiller l'enseignement, à régler la discipline de l'école, à suppléer l'inspecteur général, à donner son avis au directeur de l'école, à l'inspecteur général, au directeur général de l'instruction publique toutes les fois qu'il était consulté par eux, et même d'office sur tout ce qui était relatif à l'objet de son institution (art. 22).

Le bureau d'administration composé du préfet, du

doyen d'honneur, du maire, du directeur de l'école, d'un professeur à tour de rôle et d'un membre du conseil, délibérait sur toutes les dépenses de l'école, réglait celles qui n'étaient pas fixes, recevait et vérifiait les comptes. Il devait s'assembler tous les mois le premier lundi, et plus souvent si le directeur do l'école le requérait. Chaque année il devait rendre compte au grand-juge ministre de la justice et au ministre de l'intérieur de l'état de l'école, et leur adressait l'état des recettes et des dépenses (art. 23, 24, 25).

Le directeur de l'école en avait la surveillance matérielle, le soin de l'entretien du mobilier et des bâtiments. Il correspondait avec l'inspecteur général et avec le directeur général de l'instruction publique, pour tout ce qui concernait l'enseignement et le personnel des élèves (art. 19).

Le secrétaire était en même temps gardien des archives de l'école, caissier et secrétaire du conseil do discipline et du bureau d'administration.

Chacun des cinq inspecteurs généraux do l'ordre du droit devait inspecter, au moins une fois par an, les écoles de sa circonscription. Il pouvait interroger aux examens et aux thèses, y avait voix délibérative, présidait les concours ouverts pour les places de suppléants et de professeurs (L. du 22 ventôse an XII, art. 34-36).

Ces inspecteurs composaient un conseil général d'enseignement et d'études du droit auprès du directeur général de l'instruction publique.

On ne peut s'empêcher d'apercevoir, dans l'organisation d'un si nombreux personnel administratif pour chacune des nouvelles écoles de droit, une disproportion marquée avec l'effectif si restreint du personnel enseignant. Elle disparut bientôt, l'expérience ayant prouvé l'inutilité du conseil de discipline et du bureau d'administration qui, du reste, après l'organisation de l'université impériale, la création des académies, du conseil supérieur de l'instruction publique et des conseils académiques, n'avaient plus de raison d'être. Les écoles de droit, transformées en facultés dans chaque ressort académique sous l'autorité du recteur, relevèrent toutes du ministre de l'instruction publique comme branches de l'enseignement supérieur. Aussi, ces deux conseils cessèrent-ils leurs fonctions à partir du 1er janvier 1809.

Entrons maintenant dans la nouvelle école de droit de Dijon, installée dans l'ancien collége des Godrans, occupé par les jésuites avant la Révolution.

Un décret impérial, donné à Munich le 17 janvier 1806, nomma :

A la chaire de droit romain, Guillemot ;

A la première chaire de code civil, Proudhon ;

A la deuxième chaire, Bretin ;

A la troisième chaire, Guichon de Grandpont ;

A celle de législation criminelle, de procédure civile et criminelle, Poncet ;

A la première suppléance, Jacotot ;

A la seconde suppléance, Ladey ;

Vernisy est nommé secrétaire.

Nous connaissons déjà quatre des cinq professeurs. Guillemot et Bredin appartenaient à l'ancienne école. Le premier, que nous avons laissé président du tribunal du district de Beaune en 1790, qui avait siégé aux Cinq-Cents et au Corps législatif, était juge au tribunal d'appel de Dijon quand il fut nommé à la chaire do droit romain. Bredin, qui n'accepta pas, fut remplacé par Joly, aussi membre de l'ancienne école. Le décret de nomination est daté du quartier impérial de Berlin, 25 novembre 1806. Proudhon, Poncet et Guichon s'étaient fait connaître par leurs leçons aux écoles centrales du Doubs, de la Côte-d'Or et de la Haute-Saône. La chaire de législation de la Haute-Marne avait été occupée par Henrion de Pansey, qui monta si haut sur un autre théâtre. Les deux premiers allaient enrichir la littérature juridique d'ouvrages que nous apprécierons en leur lieu.

Proudhon est institué directeur de l'école. L'empereur avait biffé, sur la liste des professeurs, le nom qui précédait celui du grand jurisconsulte qui devait jeter tant d'éclat sur l'école qu'il était appelé à diriger.

Constamment maintenu dans le décanat jusqu'à la fin de l'Empire, son attachement pour le souverain qui avait su le distinguer lui fit perdre, au retour des Bourbons, une position que nul de ses collègues ne voulut accepter. Réintégré sur leurs demandes réitérées, il la conserva jusqu'à sa mort. Nous reviendrons, en suivant l'ordre chronologique, sur ce triste épisode de la vie de l'excellent doyen, qui faillit, du même coup, perdre la chaire qu'il occupait si bien.

Sans attendre que l'appropriation des bâtiments de l'école à leur nouvelle destination fût terminée, les professeurs ouvrirent leurs cours le 21 novembre 1806, dans l'unique salle garnie de bancs pour le moment. L'ouverture solennelle de l'école avait été, à défaut d'un local suffisant dans son enceinte, faite le même jour au palais de justice, dans l'immense et magnifique salle de François II, trop petite pour contenir le tribunal d'appel, les juridictions inférieures, les auto-

rités civiles, ecclésiastiques et militaires en grand costume, les diverses administrations, avec la foule qui
s'y pressait.

Trois discours furent prononcés. L'un par Lesage,
juge au tribunal d'appel, membre du conseil de discipline et d'enseignement; le second par le directeur
de l'école, Proudhon; le troisième, par le professeur
de droit romain, Guillemot, en un latin très-élégant
et très-correct, selon l'ancienne tradition. Notons, à ce
propos, qu'elle avait été conservée par le décret du 4
complémentaire an XII. Les examens de droit romain
ne pouvaient être, même par les élèves de première
année, soutenus qu'en latin (article 38, 43 et 46). Je
ne sais à quelle époque la faiblesse de nos études
classiques, que l'on a toujours prétendu régénérer, a
fait tomber en désuétude cette disposition, abolie
textuellement par l'ordonnance du 25 juin 1840; mais
je tiens de ses anciens élèves que tant que Proudhon
vécut — il est mort à la fin de 1838 — il ne voulut jamais
que l'on s'en départît à Dijon. Un mot de français
échappé à l'élève interrogé par le vénérable doyen lui
attirait immédiatement l'apostrophe restée traditionnelle à l'école : *Cum de jure romano loquimur, linguam
gallicam non cognosco.* L'indulgence devait, en première
année surtout, être assez grande. On cite encore, à ce
propos, la phrase suivante, adressée par un autre professeur de la faculté à un pauvre élève qui perdait,
au milieu d'un petit dédale de barbarismes, le fil conducteur: *Perge, perge; sumus philosophos, licet* FORGARE
VERBOS. On sait que les cours de philosophie se donnaient aussi en latin à cette époque. Le décret cité
ne dit rien de la langue dans laquelle devait être fait
le cours de droit romain, mais il semble en résulter

implicitement qu'il devait être fait dans celle que le professeur et l'élève devaient employer dans les épreuves destinées à s'assurer des connaissances acquises à ce cours. Le discours de Guillemot que nous avons sous les yeux nous fait voir qu'il n'y avait rien que de très-facile pour lui à s'exprimer dans la véritable langue du droit romain. Ses occupations au tribunal d'appel, dont il présidait une chambre, l'obligèrent à se faire, dès l'installation de l'école, suppléer par Jacotot; mais à la mort de Joly, arrivée le 12 août 1808, l'école n'ayant plus de suppléant libre, le titulaire accéda aux vœux de ses collègues en partageant sa journée entre l'école et le palais.

L'université impériale venait d'être créée par le décret du 17 mars 1808. L'enseignement supérieur y était donné sous une direction unique, par les facultés de cinq ordres : 1° théologie, 2° droit, 3° médecine, 4° sciences, 5° lettres. Une académie est placée dans chaque chef-lieu de cour impériale, au nombre de 27. Le nombre des écoles de droit n'est pas augmenté; elles forment des facultés du même nom, appartenant aux académies dans les arrondissements desquelles elles sont situées (article 11). Le diplôme de bachelier es-lettre au moins devient nécessaire pour y prendre une inscription (article 26). On en excepte les aspirants au simple diplôme de capacité.

Des titres universitaires sont créés. Les professeurs des facultés sont de droit officiers de l'université (article 35). Les facultés de droit qui dépendaient du ministère de la justice passent dans les attributions du grand maître, directeur unique de l'université. Après le grand maître viennent deux hauts titulaires : le chancelier et le trésorier de l'université (article 64), dont les fonctions, qui n'existent plus aujourd'hui, sont indiquées en détail dans les articles 66, 67 et 68.

Le premier était chargé du dépôt et de la garde des archives et du sceau de l'université. Il signait tous les actes émanés du grand maître et du conseil de l'université, les diplômes, présentait au grand maître les fonctionnaires de l'université qui devaient prêter serment, et surveillait la rédaction du grand registre annuel des membres de l'université, formé de ceux tenus dans chaque établissement universitaire, sur lesquels tous les membres devaient inscrire, sous la surveillance du recteur, ce que l'on pourrait appeler leurs états de service (article 90).

Le trésorier était chargé des recettes et des dépenses de l'université, qui n'entraient pas alors dans le trésor public; il ordonnançait les traitements et pensions, surveillait la comptabilité des facultés, lycées, colléges, etc. (article 68).

A côté de l'action, la délibération. Le conseil de l'université, composé de trente membres, plane sur tous les établissements universitaires. Sa composition et ses attributions sont fixées dans les articles 69 à 84. Chaque académie, ayant à sa tête un recteur assisté d'un conseil académique, reproduit en petit l'image que nous venons de voir. Tout est lié, se tient dans l'université, pour arriver au grand maître, chef suprême.

Nous ferons ici la même remarque que précédemment. Le décret si complet sur les dispositions administratives, — il n'a pas moins de 144 articles, — inspiré par l'esprit d'unité et d'ordre dont le premier empereur était si profondément empreint, laisse le personnel enseignant dans l'état beaucoup trop restreint où nous

6

l'avons trouvé. C'étaient les cinq professeurs de Louis XIV. Il est vrai qu'en se reportant à cette époque, il devait paraître bien suffisant à ceux qui avaient vu les écoles centrales. Nous avions encore de Louis XIV la triennalité des études, qui nous est restée. Le code civil, qui remplaçait le *corpus juris*, n'était-il pas beaucoup moins volumineux? La lecture attentive des nouveaux codes ne devait-elle pas suffire au besoin? C'est ce que l'on avait sans doute pensé pour le code de commerce, puisqu'il n'en était pas fait mention dans les matières de l'enseignement. Nos professeurs de Dijon n'étaient pas dans ces idées. La publication de leurs cours, les demandes réitérées d'une chaire de droit commercial, dont l'enseignement était confié à un suppléant, en font foi.

Le programme des examens n'était pas non plus ce qu'il est aujourd'hui. Ceux qui n'aspiraient qu'au certificat de capacité ne suivaient qu'un seul cours, celui de législation criminelle, de procédure civile et criminelle, pendant une année. L'examen n'était subi que devant deux professeurs ou suppléants (décret du 4 compl. an XII, art. 33 et 35. Loi du 22 vent. an XII, art. 12). Ce certificat était et est encore nécessaire, mais suffisant, pour être avoué; seulement, le cercle des études à faire pour l'obtenir est étendu et le nombre des examinateurs augmenté. Le cours de code civil de seconde année a été ajouté à celui de procédure civile et de législation criminelle, par l'arrêté du 1er octobre 1822, article 3, et tout récemment celui de code civil de première année, bien moins utile pour un avoué que celui de la troisième. Ne valait-il pas mieux supprimer le grade, qui donne généralement lieu à des épreuves d'une faiblesse déplorable, et le rem-

placer par celui de licencié? Il est conféré aujourd'hui
par quatre examinateurs (arrêté du 22 sept. 1843). Les
aspirants au certificat de capacité sont encore dispen-
sés de la production du diplôme de bachelier ès
lettres (ordonnance du 4 oct. 1820).

Les grades ordinaires sont restés ce qu'ils étaient
dans les anciennes facultés, et le laps de temps pour
les obtenir est aussi resté le même depuis Louis XIV.
La confection des nouveaux codes et l'abolition du
droit romain, des coutumes, des ordonnances, etc.,
sur toutes les matières traitées par le législateur nouveau, devait nécessairement amener des changements
profonds dans les études et les examens qui en sont
la suite. On était allé trop loin pour le droit romain,
dont un seul professeur ne pouvait plus donner qu'un
aperçu, et pas assez pour le droit français, qui ne pouvait être exposé dans toutes ses parties. La plus large
part, trop restreinte encore depuis les développements
qu'il a reçus de la doctrine et de la jurisprudence,
avait été faite à l'œuvre capitale du nouveau législateur, au code civil. Il est à remarquer que la loi de
ventôse n'imposait aux professeurs chargés de cet
enseignement d'autre obligation que celle d'expliquer
ce code en trois années en suivant l'ordre tracé par
le législateur. Elle ne limitait pas les matières sur
lesquelles le cours de chaque année devait porter.
On avait bien dit que, dans la seconde et la troisième
année, ces professeurs enseigneraient le droit public
français et le droit civil dans ses rapports avec l'administration publique; mais cette prescription les sur-
chargeait outre mesure, et après les deux premières
années qui suivirent la réorganisation des écoles, années
dans lesquelles le second et le troisième professeur

n'avaient pas à expliquer le code civil, elle resta à l'état
de lettre morte, jusqu'à la création des chaires de
droit administratif. Il en fut de même du droit naturel
et du droit des gens qui devaient être aussi enseignés
aux termes de la loi de ventôse an XII. Il n'en est
nullement question non plus dans le décret du 4 complémentaire de la même année, rendu en exécution de
cette loi. Les études, examens et actes publics des facultés de droit y sont réglés de la manière suivante.

Dans la première année, les étudiants devaient
suivre le cours de droit romain et le premier cours
de code civil, sur lesquels ils subissaient un examen
à la fin de l'année ; dans la seconde, le cours de code
civil et celui de législation criminelle et de procédure
civile et criminelle, sur lesquels ils étaient interrogés
à la fin de l'année par trois examinateurs seulement,
comme en première année, pour obtenir le grade de
bachelier. La thèse, qui était l'acte capital dans les
anciennes facultés, est supprimée pour le baccalauréat.
Ceux qui aspiraient au grade de licencié suivaient
dans une troisième année le cours de code civil de
cette année-là, et un autre cours de code civil ou le
cours de droit romain, à leur choix. Le futur licencié
devait soutenir deux examens et une thèse ; le premier examen sur le droit romain, l'autre, sur toutes le
matières enseignées dans l'école. Ces examens étaient
passés devant quatre examinateurs. La loi et le décret
de l'an XII n'étaient pas explicites sur le sujet de
l'acte public ou thèse pour la licence. « Ils soutien-
dront, y était-il dit, après les deux examens, un acte
public sur tous les objets de leurs études. » Cette
disposition ne pouvait être entendue qu'en ce sens,
que la thèse devait porter sur un sujet spécial, sujet

qui pouvait être choisi dans toutes les matières enseignées. Une délibération de la faculté de Paris, du
23 janvier 1806, avait, pour l'exécution de cette disposition, décidé que les matières des thèses seraient
fixées par la faculté et tirées au sort. Bien que nous
ne trouvions pas de délibération semblable dans les
registres de celle de Dijon, le même mode y était et
y est encore suivi. Le choix du sujet de la thèse y
est laissé aux aspirants au doctorat qui ont obtenu la
majorité de boules blanches à leurs précédentes
épreuves.

Les aspirants au doctorat devaient faire une quatrième
année d'études, dans laquelle ils devaient suivre le
professeur de droit romain et deux des professeurs de
droit français. Ils passaient deux examens, l'un sur le
droit romain, l'autre sur toutes les matières enseignées
dans l'école. C'étaient les mêmes examens que pour la
licence; seulement, on exigeait des connaissances
plus approfondies. La thèse ou acte public portait sur
toutes les matières de l'enseignement. Il ne pouvait
plus y avoir que des ajournements dans toutes les
épreuves. Si les aspirants n'étaient pas trouvés capables,
il leur était accordé un délai pour en subir de nouvelles. On se souvient que dans les anciennes facultés
le refus différait de l'ajournement, en ce que le premier
empêchait toute nouvelle épreuve. D'un autre côté,
le candidat ajourné pouvait demander, à bref délai,
un examen public. Dans les nouvelles écoles les
examens sont toujours publics comme les thèses, que
l'on n'appelle plus pour cela actes publics aujour-
d'hui. Les cours sont publics aussi; l'entrée ne peut
en être refusée à personne (Décret du 4 compl. an XII,
art. 33 à 54 et 68).

Il est facile, en comparant l'organisation des nou‹ velles facultés avec celle des anciennes que nous avons fait connaître, d'apercevoir les changements apportés et leur raison d'être. Avant Louis XIV, aucun lien commun n'unissait les facultés, qui composaient à leur guise leur personnel administratif et enseignant. Nous en avons vu un curieux exemple dans l'université de Dôle. Louis XIV, en révoquant l'édit de Nantes, fit perdre aux facultés leurs meilleurs professeurs; il paralysa tous les efforts qu'elles seraient tentées de faire, en leur enlevant leur liberté pour les soumettre au régime uniforme des cinq professeurs, insuffisants pour donner autre chose que des notions générales sur l'immensité des matières qui leur étaient imposées. Les facultés de droit relevaient toutes du chancelier, arbitre unique, changé au gré du souverain, presque toujours à la suite d'une intrigue de cour. L'élément de surveillance et de perfectionnement, trouvé plus tard dans le conseil supérieur permanent, manquait. Aussi, l'enseignement s'était-il beaucoup affaibli et avait amené un déplorable relâchement dans les épreuves, si nous en croyons les orateurs du gouvernement et du tribunat dans les discours prononcés lors de la présentation de la loi qui réorganisait les nouvelles écoles. C'est ce qui explique le luxe de mesures administratives prises dans cette loi. L'organisation de l'Université impériale, en soumettant toutes les branches de l'enseignement à une unique impulsion, vint resserrer les liens qui unissaient toutes les facultés. Mais la part faite à l'enseignement du droit y était beaucoup trop restreinte. Là était le mal; le remède n'est venu que tardivement et à petites doses.

En fait, il n'y avait de cours que sur les Institutes

de Justinien, le code civil, et une partie du droit criminel et de la procédure civile et criminelle, qu'il était
et qu'il est encore impossible à un professeur unique
d'enseigner dans une année. C'est une réforme ur-
gente à faire. Les choses restèrent ainsi dans les facultés de province jusqu'à des temps voisins de nous.
L'enseignement du droit naturel, du droit des gens,
du droit public, du droit administratif, annoncé dans
la loi de ventôse, n'y était pas donné.

Nous allons, pour n'y plus revenir, suivre les améliorations successives introduites dans l'enseignement
du droit, qui est loin d'être aujourd'hui encore aussi
étendu qu'il devrait l'être.

Constatons d'abord que le décret de l'an XII imposait aux professeurs l'obligation de dicter, pendant une
partie de leur cours, des cahiers que les étudiants
étaient tenus d'écrire eux-mêmes. Ils expliquaient et
développaient verbalement dans le reste de la leçon
le texte qu'ils venaient de dicter (art. 70). Cette dictée, déjà usitée dans l'ancienne école de Dijon, avait
l'avantage de forcer l'élève à écouter, si ce n'est à retenir, au moins les principes du droit ; mais elle avait
l'immense inconvénient de faire perdre le temps bien
précieux, déjà trop court, donné au professeur pour
développer les matières de son enseignement. Les
principes revenaient d'un autre côté forcément dans
les explications orales. Cet inconvénient devint bien
plus sensible encore, lorsque l'étude approfondie de
nos nouveaux codes, la pratique judiciaire et, il faut
bien le dire, le défaut d'étude de l'ancien droit et des
travaux préparatoires, eurent fait naître les trop nombreuses questions qu'il n'était pas possible à un professeur consciencieux de passer sous silence, sous

peine d'envoyer au palais des gens pour qui tout aurait été à peu près nouveau. Aussi la dictée tomba-t-elle
en désuétude. Quelques professeurs la firent imprimer.
Les *Institutes de droit civil* de Delvincourt, dont la
première édition fut donnée après son premier cours
triennal, en trois volumes in-8°, n'ont pas d'autre origine. Les notes ajoutées aux *Institutes* dans les éditions
subséquentes, et notamment dans les dernières, qui
forment trois volumes in-4°, contiennent les développements oraux donnés aux *Institutes*, dont elles sont
assez malheureusement séparées. Aussi l'ensemble
est-il avec raison intitulé : *Cours de Code civil*. A la
faculté de Dijon, notre excellent doyen honoraire,
M. Morelot, a fait imprimer en 1836 la *Dictée d'un professeur de droit français*, en 3 volumes in-12. Elle contient
les principes du droit civil présentés dans un ordre
synthétique. Qui ne connaît le programme de Demante
rédigé dans l'ordre légal ? C'était notre manuel, à la
faculté de Paris. Aujourd'hui la dictée n'est pratiquée,
je crois, dans aucune des facultés françaises. Toute-
fois, je ne puis l'affirmer que pour Paris et Dijon.

Tant que dura l'Empire, aucune extension ne fut
donnée à l'enseignement du droit dans les facultés de
province. La faculté de Paris, plus favorisée à cause
de sa position et du nombre de ses élèves, eut,
dès 1809 (déc. du 29 août), une chaire de droit commercial, dans laquelle Pardessus monta, à la suite d'un
concours terminé le 19 juillet 1810, pour n'en des-
cendre qu'en 1830, à la suite de son refus de prestation de serment. Le même décret instituait une chaire
de code civil approfondi, supprimée par ordonnance
royale le 24 mars 1819. Elle fut donnée au concours
à Cotelle, qui avait déjà occupé la chaire de législation

à l'école centrale d'Orléans. Il était âgé de cinquante-
huit ans lorsqu'il concourut en 1810.

L'Université survécut à l'Empire ; mais d'assez notables changements et des améliorations successives
furent introduites dans le régime des facultés de droit.
Le nombre de leurs inspecteurs généraux fut de cinq
réduit à deux, par l'ordonnance du 17 février 1815.
Celle du 24 août 1830 les supprima tout à fait. « L'exercice de ces inspections, » est-il dit dans le rapport
qui précède l'ordonnance, « a toujours été extrêmement
» rare ; il s'est réduit presque exclusivement à la pré-
» sidence de quelques concours, dont on peut charger,
» soit les membres du conseil royal, soit les plus distin-
» gués et les plus célèbres de nos professeurs. » C'était
aller trop loin ; il y avait là une lacune. Il était évidemment nécessaire qu'un inspecteur, ne dût-il même présider que les concours, suivit les progrès des facultés
de droit, connût leur personnel, leurs besoins, fût leur
interprète au ministère de l'instruction publique et
devant le conseil supérieur. Aussi une place d'inspecteur des écoles de droit fut-elle rétablie en 1844.
Nous avons tous concouru devant le titulaire, M. Gi-
raud, qui nous présidait si dignement. L'ordonnance
qui rétablit l'inspection des facultés de droit est du
29 septembre.

L'extension donnée à l'enseignement du droit com-
mença en 1819, encore par la faculté de Paris, qui
fut divisée en deux sections. Chacune des sections
est composée de trois professeurs de code civil ; d'un
professeur des éléments du droit naturel, des éléments
du droit des gens et du droit public général ; d'un professeur des institutes du droit romain ; d'un professeur de procédure civile et criminelle et de législation

criminelle. Une chaire de droit commercial, une de droit public positif et de droit administratif, une d'histoire philosophique du droit romain et du droit français, une d'économie politique, cette dernière seulement pour les élèves qui se destinent à l'administration, complètent le personnel des deux sections (Ordonnance du 24 mars).

A la rentrée de 1819-20, les deux chaires des éléments du droit naturel, des gens et du droit public général sont occupées par Cotelle, qui enseignait le code civil approfondi supprimé, et de Portetz, suppléant; une unique chaire d'Institutes par Blondeau. Les deux cours de code civil de première année sont faits par Boulage et Grappe, professeurs; ceux de deuxième et de troisième année continuent à être faits chacun par un seul professeur, Morand et Delvincourt. La chaire de droit commerciale reste occupée par Pardessus; celle de droit public et administratif est donnée au baron de Gérando. Nous ne trouvons, dans celle de procédure civile et de législation criminelle, que Berryat-Saint-Prix, appelé de la faculté de Grenoble à celle de Paris. Le cours d'économie politique ne fut pas fait.

L'année suivante, la seconde chaire de droit romain est occupée par Ducaurroy, suppléant; les seconds cours de code civil en première et deuxième année sont faits par Demante et Simon, suppléants; la seconde chaire de procédure est donnée au concours à Duranton, qui devait l'échanger plus tard contre une chaire de code civil. Le cours d'histoire du droit est confié à Poncelet, suppléant. Il ne manquait plus qu'un sixième cours de code civil et celui d'économie politique, pour compléter le programme de 1819, lorsque

l'ordonnance du 6 septembre 1822 vint en donner un
nouveau à la faculté de Paris. Elle reste toujours divisée en deux sections; mais nous n'y retrouvons plus le
cours des éléments du droit naturel, des gens et public général, ni celui de droit public et administratif
positif, ni celui d'histoire du droit, ni celui d'économie politique. Une chaire apparaît pour la première
fois, celle de Pandectes, donnée à Cotelle; de Portetz
est appelé à la sixième chaire de code civil.

Le préambule de l'ordonnance nous donne les motifs des suppressions opérées et de la création de la
chaire de Pandectes. « Considérant qu'il importe de
donner plus de développement à l'étude du droit romain, qui a servi de base au droit français, et voulant
disposer les cours de la faculté de droit de Paris de
manière à ce que les étudiants n'y reçoivent que des
connaissances positives et usuelles. » Le droit administratif faisait cependant partie de ces connaissances
positives et usuelles. La chaire, en 1828, est rendue à
son titulaire (ord. du 19 juin); celle d'histoire de
droit, en 1829 (ord. du 24 mars), fut donnée à Poncelet,
qui l'avait occupée comme suppléant à sa création.
La même ordonnance créait une chaire de droit des
gens donnée à Paul Royer-Collard. Rossi montait, en
1834, dans une nouvelle chaire, celle de droit constitutionnel, qu'il a illustrée; l'ordonnance est du 22 août.
Ortolan faisait en 1838 un cours de législation pénale
comparée (ord. du 12 décembre 1837). Une chaire
d'introduction générale à l'étude du droit, établie le
25 juin 1840, a été depuis supprimée, ainsi que celle
de droit constitutionnel. Mais une chaire de droit
français étudié dans ses origines coutumières et une
autre d'économie politique leur ont été substituées.

La chaire de Pandectes, qui peut-être a paru moins
utile depuis la création de la seconde chaire de droit
romain, a été aussi supprimée, à tort selon nous. Elle
était depuis longtemps occupée par le savant et regrettable Pellat, dont j'ai eu l'honneur de suivre pendant
cinq ans les leçons. La plupart des autres professeurs de
la Faculté de Paris que j'ai nommés ont été aussi mes
maîtres. J'ai parlé ailleurs de Bugnet. Ma reconnaissance est profonde. Que M. Valette, le seul survivant
d'entre eux, et M. Colmet-Daage, le doyen actuel, qui
nous a fait de si bonnes leçons comme suppléant, — il
débutait alors, — me permettent d'y joindre leurs
noms.

Les facultés de province étaient loin d'être aussi
favorisées que celle de Paris. Malgré leurs énergiques
réclamations, ce ne fut que très-tard qu'elles furent
dotées de trois chaires nouvelles : de droit commercial, de droit administratif et une seconde chaire de
droit romain, dont l'enseignement est aujourd'hui partagé en deux années. Une chaire de Pandectes créée
à Toulouse et une de droit des gens à Strasbourg, ont
été supprimées. Les dates suivantes donneront une
idée du peu d'ensemble qui a présidé à l'organisation
de ce supplément nécessaire et encore incomplet de
l'enseignement du droit. Le zèle des professeurs et
des agrégés a heureusement comblé les lacunes dans
beaucoup de facultés et à Dijon notamment. Les chaires de droit commercial et de droit administratif ont
été créées dans l'ordre suivant.

Droit commercial : Toulouse, 28 septembre 1822 ;
Caen et Poitiers, 10 décembre 1823 ; Grenoble, 11 no-
vembre 1829 ; Strasbourg, 9 mai 1830 ; Rennes et
Dijon, 16 février 1831 ; Aix, 9 janvier 1832. Nous

retrouvons dans cette ordonnance la faculté de Grenoble.

Droit administratif : Caen, 16 décembre 1829; Poitiers, 2 septembre 1832; Aix, 1er décembre 1835;
Dijon, Grenoble, Rennes, Strasbourg et Toulouse,
12 décembre 1837. Cette dernière faculté avait obtenu
en 1830 une chaire de droit public, supprimée depuis.

A la faculté de Dijon, dans laquelle nous allons
rentrer, le cours de droit commercial était fait par un
suppléant depuis 1817. Les professeurs de droit romain, à partir de Belime, y faisaient, sous forme de
conférences, des leçons sur les Pandectes. Le droit
constitutionnel et le droit public y sont enseignés par
le professeur de droit administratif. Enfin, un cours
de droit des gens et un cours d'histoire du droit y
ont été faits par l'auteur de cet article à ses débuts
comme suppléant. Aujourd'hui, les professeurs de
droit romain et de code civil donnent, au commencement de leurs cours de première année, dans une introduction assez longue, les notions nécessaires d'histoire du droit. N'aurait-il pas mieux valu compléter
l'enseignement de toutes les branches de la science
dans les facultés existantes, que d'en créer de nouvelles, qui rendent le personnel enseignant insuffi-
sant dans les unes et dans les autres? Un projet de
création de nombreuses écoles de droit *secondaires*
avait été proposé au conseil d'Etat à la fin du dernier Empire. « Nous avons, » m'écrivait un conseiller, notre ancien collègue, « repoussé l'invasion des
barbares. »

Puisque nous ne voulons faire ici que de l'histoire,
reprenons celle de la faculté de Dijon, que nous avons
laissée à la création de l'université impériale.

Une lettre du grand maître Fontanes, datée du 20 janvier 1809, prévient le directeur et les professeurs des changements apportés dans l'organisation de l'enseignement supérieur. L'école devient la faculté de droit de l'académie de Dijon. Le titre de directeur est changé en celui de doyen pour Proudhon, à qui sont en même temps déléguées provisoirement les fonctions de recteur. Le conseil de discipline et le bureau d'administration sont supprimés. Le 4 mars suivant, une nouvelle lettre du grand maître au doyen lui prescrit d'assembler la faculté pour avoir à délibérer sur une instruction des inspecteurs généraux de l'ordre du droit en date du 19 mars 1807, qui avait produit de nombreuses réclamations dans les facultés, particulièrement en ce qui concernait l'enseignement à donner par les professeurs de code civil.

On se rappelle que le décret du 4 complémentaire an XII ne leur prescrivait autre chose que d'expliquer le droit civil en trois ans en suivant l'ordre du Code. Ils devaient en outre, dans les deux dernières années, l'enseigner aussi dans ses rapports.avec le droit public et avec l'administration. Aucun partage des matières n'avait été fait ; de là des divergences notables entre les différents professeurs. L'enseignement du droit civil dans ses rapports avec le droit public et l'administration devait-il faire l'objet d'un cours spécial ? Voici comment les inspecteurs généraux, réunis en conseil, avaient cru devoir interpréter le décret, dans l'instruction qui a été mentionnée, art. 43 à 46.

Dans la première année, après un exposé historique des variations du droit français, le professeur de code civil devait l'expliquer en entier, mais d'une manière purement élémentaire. Il suffit, dit l'instruction, que, pour cette première année, l'étudiant entende bien le texte et connaisse parfaitement les principes généraux, l'ordre et la liaison des matières. Les deux autres années devaient être consacrées à un cours plus approfondi. Pour ce cours, le code était partagé en deux parties. Les deux premiers livres et les deux premiers titres du troisième faisaient l'objet de la seconde année, le reste du code celui de la troisième. Le professeur pouvait s'y livrer à tous les développements qu'il jugerait nécessaires, conférer la loi nouvelle avec l'ancienne, le droit romain, les législations étrangères, etc. C'était demander beaucoup en très-peu de temps. Il est vrai que les professeurs devaient, d'après la même instruction, au moins quatre leçons par semaine de *deux heures et demie* chacune, et y ajouter une leçon de plus si elles ne suffisaient pas. Les mêmes professeurs devaient, en outre, donner, en seconde année, un cours spécial sur le droit public, et dans la troisième un cours sur le droit administratif. On conçoit sans peine leurs réclamations. Heureusement pour leurs poitrines, l'instruction soumise au grand maître par les inspecteurs généraux resta à l'état de projet. Les registres de la faculté de Dijon ne font pas mention de la réponse des professeurs consultés sur chaque article de l'instruction; mais leurs cahiers, que j'ai dans les mains, n'ont trait qu'au droit civil pur et ne contiennent pas ce cours élémentaire de première année sur la totalité du code civil. La question, du reste, a été tranchée postérieurement. Les professeurs ont réglé leur cours de chaque année sur le programme des examens. Le dernier date du 22 septembre 1843.

Le 1er juin 1809, un concours s'ouvre à Paris. La
chaire de code civil, laissée vacante à la faculté de
Dijon par la mort de Joly, y est donnée à Jean-Baptiste Carrier, professeur suppléant à la faculté de Grenoble. Dupin l'aîné et Persil étaient au nombre de ses
concurrents ; son institution est du 31 juillet 1809.
Nous aurons plus tard à apprécier ses ouvrages. Dupin
et Persil se sont fait depuis un grand nom dans la
magistrature. J'ai entendu les adversaires du concours
en tirer quelquefois un argument. Je n'ai pas à apprécier le mérite que les deux candidats du concours
de 1809 ont pu acquérir plus tard comme jurisconsultes ; je ne puis non plus savoir ce qu'ils auraient été
comme professeurs ; mais je ne trouve rien que de
très-naturel dans le succès du suppléant de Grenoble. Elevé à l'université de Turin, florissante avant la
Révolution, l'un des meilleurs docteurs de l'ancienne
faculté de droit, maniant le corpus juris et la langue
latine, alors en usage dans les concours, avec une
égale facilité, Carrier, très-versé déjà dans la connaissance du nouveau code, sur lequel il avait écrit et
fait des cours, habitué à la chaire, devait l'emporter
sur de jeunes docteurs à peine sortis de l'école. Quand
je dis sortis de l'école, je me conforme à une locution
usuelle, car Dupin et Persil, reçus docteurs, l'un le
20 novembre 1806, l'autre deux mois et demi après,
le 9 février 1807, n'avaient guère pu profiter des cours
de la nouvelle école, qui commençait à peine à fonc-
tionner. Carrier, tout en payant, comme Poncet, sa
dette à la patrie, pendant les guerres de la Révolution,
passionné pour le droit, n'en avait pas pour autant
abandonné l'étude. Hussard au régiment de Berchini,
son corpus juris, pendu par une boucle à l'arçon de sa

selle, ne le quitta jamais pendant la campagne d'Ita-
lie, qu'il fit avec le général Bonaparte. Il passait à le
relire et à le méditer tous les loisirs que lui laissait
sa nouvelle carrière, qu'il accomplissait bravement.
Blessé de deux coups de sabre sur le bras dans une
charge brillante à Marengo, d'un coup de lance en
pleine poitrine au pont de Lodi, d'une balle à la
jambe dans une autre affaire, il avait repris sa robe
d'avocat, quand son ancien chef l'appela à une suppléance à l'école de Grenoble qu'il venait de réorganiser. Carrier occupait un rang distingué au barreau.
Très-habile dessinateur, il nous a laissé de curieux
croquis à la plume, pris sur place, de scènes militaires auxquelles il avait assisté.

Guillemot, le professeur de droit romain, qui présidait par intérim une chambre de la cour, appelé
définitivement à la présidence en 1811, donne sa démission et est remplacé, à la suite d'un concours ouvert
le 15 mai de la même année, par Ladey qui le suppléait depuis longtemps.

L'école poursuivait paisiblement ses travaux quand
la France fut pour la première fois envahie, en 1814.
Les événements politiques et militaires devaient y
avoir un malheureux retentissement. Le 5 février, le
prince d'Auersperg, gouverneur de la Côte-d'Or et de
la Haute-Marne pour les puissances alliées, nomme
et installe en leur nom un préfet et quatre conseillers de préfecture à Dijon, ordonnant, par l'arrêté de
nomination même, à tous citoyens de leur obéir sous
peine d'exécution militaire. Trois jours après, un autre arrêté du même gouverneur ordonne à tous les
fonctionnaires publics de prêter serment aux puissances alliées dans une formule que nos registres ne rap-

7

portent pas. Un troisième arrêté, celui du préfet et
des conseillers nouveaux, enjoint itérativement et
spécialement aux professeurs de faire la prestation
dudit serment, toujours sous peine d'exécution militaire. Le cas était grave et fort embarrassant, surtout
pour le doyen si attaché à l'empereur. On espérait
toujours un de ces coups de fortune auxquels il avait
habitué la France. La faculté temporisa jusqu'au
20 février, jour où il fallut enfin se réunir pour aviser. Je transcris la délibération.

« M. le doyen, après avoir lu le texte des arrêtés,
» dit qu'il résulte de leur combinaison que les profes-
» seurs ne pouvaient refuser, dans un sens absolu, la
» prestation du serment exigé sans s'exposer aux pei-
» nes d'exécution militaire ;

» Que néanmoins la formule contenue dans l'arrêté
» pourrait prêter à des interprétations contraires au de-
» voir des membres de la faculté comme fonctionnaires
» publics et comme citoyens sujets de l'empereur ;

» Que, dans ces circonstances critiques, pour aviser
» aux moyens de sûreté personnelle des membres de
» la faculté sans manquer aux devoirs de fidélité qui
» les lie vis-à-vis de leur souverain, M. le doyen a
» composé une autre formule de serment sur laquelle
» il appelle l'attention de tous les membres de la
» faculté, pour savoir si elle peut remplir ce double
» but ; laquelle formule est conçue dans les termes
» suivants :

» Nous soussignés, doyen, professeurs, suppléants et
» secrétaire de l'école de Dijon : considérant que dans
» l'état actuel des choses nous ne pouvons croire que
» nous soyons déliés de nos serments de fidélité en-
» vers l'empereur des Français ;

» Considérant néanmoins que les lois de la guerre
» nous imposent des obligations envers les hautes
» puissances alliées et leurs armées ;

» Pour reconnaître ces obligations et pour nous con-
» former à l'arrêté de Son Excellence M. le comte
» d'Auersperg et à celui de la préfecture de la Côte-
» d'Or ;

» Nous jurons tous, tant en général qu'en particulier
» et chacun de nous par obligation individuelle et per-
» sonnelle, que nous ne ferons rien qui soit contraire
» à la tranquillité et à la sûreté des armées alliées, et
» que nous remplirons avec zèle et exactitude les
» fonctions qui nous sont conférées dans l'enseigne-
» ment public, et ce conformément aux lois de l'Em-
» pire et aux statuts de l'Université impériale. »

La formule du doyen acceptée à l'unanimité par la
faculté, le serment fut envoyé par écrit sur une feuille
signée par tous ses membres au gouverneur.

Nous ne trouvons aucune signature, pas même celle
du secrétaire, au bas de la délibération sur le registre de la faculté où leur place est restée en blanc. Les
professeurs de Dijon s'étaient trompés en croyant
pourvoir ainsi à leur sûreté personnelle. Ils comp-
taient sans la coutume barbare et révoltante de la
prise d'otages, choisis toujours parmi les hommes les
plus paisibles et les plus innocents. A ce titre Jacotot,
professeur suppléant, fut enlevé dans la nuit qui suivit l'envoi du serment, celle du 21 au 22 février
1814 (1). La faculté se réunit immédiatement et envoya

_____

(1) Le même fait s'est renouvelé à la fin de 1870. Quarante otages:
dix à Vesoul, dix à Gray, vingt à Dijon, desquels faisait partie notre
très-aimé collègue Paul Gaudemet, furent, par un froid glacial, em-

au prince de Hesse-Hombourg, commandant des troupes d'occupation dans la Côte-d'Or, la lettre suivante signée de tous ses membres.

« Monseigneur,

» L'un de nos collègues, M. Jacotot, professeur suppléant de notre faculté, a été arrêté par vos ordres dans la nuit du 21 au 22 de ce mois. Il ne nous appartient pas de pénétrer dans les motifs secrets qui peuvent vous avoir fait juger cette mesure nécessaire.

» Mais, Monseigneur, nous osons vous le dire, cette arrestation n'est qu'une surprise faite à votre religion par les personnes qui ont pu vous signaler M. Jacotot comme dangereux.

» Quel que soit le caractère d'un individu, il ne peut se dissimuler au point de n'être pas connu par ceux qui vivent depuis plusieurs années dans la plus intime familiarité avec lui, et nous n'avons jamais vu, dans M. Jacotot, qu'un homme prudent, paisible, ami de l'ordre, bon père et bon époux autant que professeur instruit et exact à remplir ses devoirs.

» A considérer M. Jacotot comme otage, son arrestation serait encore l'effet de l'erreur sous un autre rapport, attendu qu'il est sans fortune et n'a rien d'important dans son existence.

» Dans la conviction où nous sommes, Monseigneur, que nous n'invoquerons pas en vain votre justice, nous osons espérer que vous daignerez révoquer l'ordre d'arrestation de notre collègue et nous vous supplions de rendre cet estimable père de famille à son épouse désolée et malade, à ses enfants qui sont dans la consternation, à ses vieux parents dont il est l'unique appui.

menés, on ne sait pourquoi, à Brême, d'où ils ne revinrent qu'au milieu de l'année suivante.

La Commune de Paris a mis à profit cet affreux exemple.

» C'est à leurs pleurs, c'est à leurs cris, Monseigneur, que nous unissons notre réclamation, bien convaincus que Votre Altesse ne verra dans notre démarche qu'un hommage fait à sa justice.

» Nous sommes, etc. »

La lettre est signée de tous les membres de la faculté. Une autre lettre semblable fut adressée au prince de Schwartzenberg, général en chef des armées alliées. La faculté se rendit en outre en corps chez le prince de Hesse, et une seconde fois chez le général Bianchi, qui lui avait succédé dans le commandement militaire à Dijon. Démarches inutiles. Tout ce qu'elle put obtenir, c'est que Jacotot serait traité avec égard comme les autres otages. Il fut dès lors perdu pour la faculté.

Né à Dijon le 4 mars 1770, mort à Paris le 30 juillet 1840, Joseph Jacotot a enseigné à peu près toutes les branches des connaissances humaines, selon les règles de la fameuse méthode qui porte son nom, qualifiée de méthode d'émancipation intellectuelle. Il attendait plus des exercices des élèves eux-mêmes que de longs développements donnés par le professeur seul. Nommé à dix-neuf ans professeur d'humanités au collège de Dijon, il obtint bientôt le grade de docteur ès lettres, étudia le droit, se fit recevoir avocat et se livra aussi à l'étude la plus approfondie des mathématiques. Zélé partisan des principes de la Révolution, il les défendait dès 1788, en organisant pour cela la jeunesse dijonnaise en fédération. Comme Poncet et Carrier, il concourut des premiers à la défense de son pays. Elu capitaine d'une compagnie d'artillerie dans les bataillons de la Côte-

d'Or, envoyé en 1792 à l'armée du Nord, il fit la
campagne de Belgique, se distingua au siége de
Maëstricht, à la Chartreuse, à Nerwinden, à la Mon-
tagne-de-Fer. Appelé à Paris, après cette courte et
glorieuse campagne, pour suppléer, au bureau central
des poudres et salpêtres, le célèbre Fourcroy, ses connaissances en chimie firent faire des progrès à la
fabrication des poudres. Secrétaire de la commission
d'organisation du mouvement des armées, son désir
de rentrer dans sa ville natale lui fit, lors de la création des écoles centrales, donner une chaire instituée
à Dijon sous le titre de méthode des sciences. Il y
donna aussi une grande impulsion à l'étude des lan-
gues anciennes et orientales. Très-apprécié de Fourcroy, à la création de l'Université, Jacotot occupa les
chaires de mathématiques transcendantes, puis de
mathématiques pures, et une suppléance à la faculté
de droit. Elu député pendant les Cent jours, il sou-
tint, comme rapporteur de la commission du projet
d'adresse, l'Empire constitutionnel, et fit adopter le
vote en faveur de Napoléon II. Ce fut pour lui, à la
seconde Restauration, le point de départ d'une série
de persécutions.

Destitué de sa chaire et de sa suppléance, rayé
du tableau des avocats, comme ennemi des Bourbons, menacé dans sa liberté même et dans sa vie,
non-seulement il ne put retourner à Dijon, mais il dut
bien vite quitter la France. C'est en Belgique qu'il
chercha un asile, avec les conventionnels poursuivis
comme lui, Berlier son compatriote entre autres, l'un
des jurisconsultes les plus éminents du conseil d'Etat
de l'Empire, si connu de tous ceux qui ont étudié les
travaux préparatoires de nos codes, sur la rédaction

desquels ses observations ont eu tant d'influence.
Privé de ressources, Jacotot vécut d'abord à Mons,
puis à Bruxelles, de leçons particulières. Appelé à une
chaire de faculté dans un pays qui n'était pas le sien,
par un ministre qui avait su l'apprécier, il fut nommé,
le 15 octobre 1818, lecteur pour la langue française
à l'université de Louvain, et intronisa sa méthode en
Belgique en reprenant son enseignement empreint
d'un grand cachet d'originalité. Il se bornait à fixer
le point à étudier, donnait la parole aux élèves, qui
devaient exposer leur manière de voir en toute liberté.
Il résumait à la fin, d'une manière très-précise, les
sentiments et arguments émis, puis donnait ses propres conclusions. Il avait appliqué à Dijon cette méthode à l'enseignement du droit; il l'étendit à toutes
les branches des sciences et des arts. Sa parole lucide
et abondante atteignait à l'éloquence. Sa bonté infatigable et son désintéressement lui avaient acquis l'estime générale dans sa nouvelle patrie. Appelé par le
roi des Pays-Bas lui-même à diriger l'épreuve de sa
méthode à l'école normale des cadets, il y fut décoré
du Lion belge. Cette méthode fut depuis adoptée dans
un grand nombre d'établissements d'instruction, en
Belgique, en France, en Angleterre, en Bavière, au
gymnase des Deux-Ponts, en Russie, à l'École des
cadets de la marine de Gatchina.

La révolution de 1830 rouvrit à Jacotot et à ses
compagnons d'exil les portes de la France. Il s'em-
pressa d'y rentrer, se fixa à Valenciennes, où il resta
sept ans dans la famille de sa femme, vint en 1838 à
Paris, où il finit ses jours. Sa sérénité résistait depuis
1816 à un torticolis spasmodique qui l'obligeait à
maintenir continuellement sa tête avec un bandeau.

Ses souffrances avaient beaucoup augmenté à la fin de sa vie. Une souscription, à la tête de laquelle se mit le ministre de la guerre, permit de lui élever un monument au cimetière de l'Est.

Outre de très-nombreux articles dans les publications scientifiques, et notamment dans le *Journal de l'émancipation intellectuelle*, Jacotot a laissé les ouvrages suivants : *Enseignement universel, langue maternelle*, Louvain et Dijon, 1823 ; la 7ᵉ édition a été donnée à Paris en 1852 ; traduit deux fois en allemand. *Langue étrangère*, Louvain, 1824, 7ᵉ édit. 1852. *Musique, dessin et peinture*, Louvain, 1824, 4ᵉ édit. 1852. *Mathématiques*, Louvain, 1828 ; 3ᵉ édit., Paris, 1841. *Droit et Philosophie, Panécastique*, Paris, 1835, 2ᵉ édit. 1841. *Mélanges posthumes*, Paris, 1841.

Le droit, dans les travaux de Jacotot, tenait une très-faible place. Sa méthode, appliquée à cette science, ne pouvait mener qu'à des généralités sans valeur ou aux applications les plus élémentaires. Un très-grand nombre de publications ont été consacrées à l'examen et exposé de cette méthode en dehors de l'étude du droit.

Les persécutions devaient atteindre plus haut et sans de meilleurs motifs. L'empereur avait distingué Proudhon en le plaçant *motu proprio* à la tête de la nouvelle école lors de sa fondation. A l'admiration inspirée à Proudhon par le grand génie de Napoléon, se joignait dans le cœur du doyen un sentiment de profonde reconnaissance auquel il avait donné un libre cours dans la dédicace de son premier traité, celui des *Personnes*, qui avait eu deux éditions en 1809 et en 1810. Un arrêté de la commission de l'instruction publique du 9 octobre 1815 arracha Proudhon à son école en lui enlevant le décanat et le suspendant de ses fonctions de professeur, parce qu'il « aurait, avant le 20 mars, » excité les étudiants de la faculté de droit à se décla- » rer pour l'usurpateur, et notamment aurait pro- » noncé un discours pour l'inauguration, à l'école de » droit, du buste de Bonaparte. » Ce dernier fait était seul vrai, car il avait refusé à un grand nombre d'étudiants, qui voulaient aller au-devant de Napoléon, le permis alors nécessaire pour la délivrance de leurs passeports. Quant au discours, il ne fut prononcé que le 12 avril, alors que l'empereur était remonté sur le trône dont il était en pleine possession. Voici comment les faits s'étaient passés. Je les prends dans les pièces justificatives imprimées à la fin de l'éloge de Proudhon, si bien touché par M. Firmin Lagier, son ancien élève, aujourd'hui conseiller à la cour de Dijon. Nul mieux que lui, qui vivait dans son intimité, ne pouvait les connaître. Il me pardonnera mes emprunts : je ne saurais mieux faire.

Dès son arrivée à Paris, Napoléon avait envoyé dans les départements des commissaires chargés de prendre les mesures propres à assurer le triomphe de sa cause. Sur l'appel du conseiller d'Etat Thibaudeau, envoyé à Dijon, toute la jeunesse des campagnes y était accourue en armes. Il fut obligé de dissoudre ces volontaires, qui remplissaient la ville d'agitation et faisaient craindre pour le maintien de l'ordre. Ces jeunes gens, auxquels s'étaient tout naturellement réunis les élèves de l'école de droit, se rendirent facilement à l'injonction qui leur était faite ; mais ils voulurent, avant de se séparer, promener le buste de l'empereur dans la ville et le placer solennellement dans un édifice public. L'école de droit fut par eux choisie, et

le doyen prié de prononcer un discours sur l'objet
de cette cérémonie. Les cours royales, les académies,
etc., n'avaient-elles pas toutes adressé leurs félicita-
tions à l'empereur? « On dira peut-être, » ajoute Proudhon dans son mémoire justificatif, « que j'ai loué
» Bonaparte dans ce discours. A cela je réponds que
» je ne l'ai loué aux dépens de personne et qu'on ne
» trouvera pas, dans tout ce que j'ai dit, une expres-
» sion offensante pour la famille royale. »

Une accusation encore plus odieuse et tout aussi
calomnieuse dirigée contre Proudhon, était celle de ne
fréquenter que des Jacobins. Or il se trouva que ces
jacobins étaient le comte Molé, le duc de Cossé-Bris-
sac, le comte Lecouteulx, préfet de la Côte-d'Or, avec
lequel il faisait régulièrement sa partie d'échecs.
Proudhon jacobin! lui qui avait, au péril de sa vie,
au plus fort de la tourmente révolutionnaire, sauvé
tant de membres du clergé franc-comtois par son
écrit de l'an VI, que nous avons signalé à la fin de
l'histoire de l'école de Besançon. Il en demanda, pour
la joindre à son mémoire justificatif, une attestation
aux chefs du clergé bisontin. Voici la réponse assez
singulière qu'il en reçut.

« Besançon, 21 décembre 1815.

» Monsieur,

» J'ai reçu hier votre lettre du 16 courant et j'ai l'honneur de vous répondre par la première poste.

» Mes confrères, pénétrés de la plus vive reconnaissance pour le service important que vous avez rendu au
clergé de notre diocèse, en arrêtant l'effusion du sang
des prêtres par votre Mémoire, ne perdront jamais la
mémoire de ce signalé service ; ils feraient du plus grand

cœur l'attestation que vous proposez, si elle ne devait servir qu'à vous tirer d'embarras ; mais comme le but serait
de vous conserver dans l'enseignement, ils ont dit qu'ils
ne pourraient point *en conscience* y coopérer. En voici la
raison ; c'est avec peine que je vous la rappelle et je vous
prie de croire qu'aucun autre motif ne les a décidés. Vos
principes sur le divorce, les empêchements de mariage,
les vœux, sont formellement opposés à la doctrine de
l'Eglise ; vous savez que l'on ne compose point avec les
principes de notre religion. Je sens, Monsieur, que ma
lettre va vous faire de la peine ; mais je dois vous répondre et vous dire franchement ce qui nous fait de la peine.
Nous rendons justice à vos grands talents, à vous, à vos
connaissances : nous sommes très-persuadés que vous
avez un talent particulier pour l'enseignement ; mais il
ne faut pas s'écarter des principes. Nous vous prions de
croire au sentiment d'attachement et de reconnaissance
que nous vous avons voués et avec lesquels j'ai l'honneur
d'être, etc.

B. , directeur du séminaire.

Professeur de code Napoléon, Proudhon avait dit,
avec le législateur, que le divorce, qui n'a été aboli
qu'en 1816, était une cause de dissolution du mariage,
qu'il n'y avait d'empêchements légaux aux mariages
que ceux énumérés dans la loi, qui ne reconnaît pas
non plus civilement l'efficacité des vœux. Il est assez
bizarre de voir reprocher à un professeur de droit de
ne pas dire en chaire le contraire de ce qui est écrit
dans la loi.

Un vénérable prélat, Mgr de Chaffoy, mort évêque
de Nîmes, alors grand-vicaire à Besançon, sut allier
les devoirs de conscience à la reconnaissance et donna
personnellement l'attestation demandée. On est tou-

ché de voir, dans le mémoire justificatif que l'excellent
homme envoya à la commission d'instruction publique, l'attention qu'il prend, au milieu du danger qui
le menace, d'écarter de la tête de ses élèves de dangereux soupçons. « Je dois dire à l'honneur de cette
» intéressante jeunesse que je n'ai point appris qu'ils
» soient allés se joindre aux militaires qui se portaient
» au devant et à la suite de Bonaparte. A Dieu ne
» plaise que j'entende porter un jugement calomnieux
» même sur ceux qui m'ont demandé les permis exi-
» gés pour avoir des passeports. J'avais conçu un
» soupçon, l'aveu d'un seul que j'interrogeai me suf-
» fit pour arrêter la mesure générale. »

Proudhon était aussi aimé et respecté de ses collègues que de ses élèves. Laissons parler l'un des meilleurs de ces derniers, M. le conseiller Lagier. « Tan-
» dis que Proudhon sollicitait lui-même à Paris sa
» réintégration, l'école de droit de Dijon offrait un
» spectacle bien noble dans ces temps de division et
» de haines. Aucun des professeurs ne voulut accepter
» les honneurs dont il venait d'être injustement dé-
» pouillé. M. Poncet, qui fut investi du titre de doyen
» dont ses rares vertus et ses talents le rendaient
» assurément bien digne, ne l'accepta que comme un
» dépôt. Il s'obstina, avec une délicatesse antique, à
» refuser et l'investiture et les émoluments du titre,
» et sollicita lui-même la réintégration de son ami.
» Poncet n'existe plus, ajoute M. Lagier, on peut ré-
» véler qu'il reçut cet émolument pour le faire accep-
» ter à celui qu'une injuste disgrâce en avait privé. »

Toullier subissait à Rennes les mêmes persécutions.
Le décanat lui fut enlevé après des troubles survenus
à la faculté le 31 décembre 1816, et ne lui fut rendu

que le 10 août 1830. Il avait signé, avec douze des premiers jurisconsultes bretons, la consultation pour le général Travot. La lettre suivante, écrite le 28 mai 1818 à son collègue de Dijon, fait voir que, dans leur commune disgrâce, il n'eut pas les mêmes consolations que lui.

« Monsieur et très-honoré confrère,

» Est-ce trop présumer de votre complaisance, que de vous prier de me dire la vérité sur quelques faits qui vous concernent et dont j'ai intérêt de connaître l'exactitude? Vous avez été, comme moi, destitué de la place de doyen de votre école, par un acte injuste et arbitraire. Mais un de nos députés, arrivant de Paris, m'assure que celui qu'on avait nommé doyen à votre place n'avait pas voulu accepter. En effet, en recourant à l'almanach royal, j'y vois que vous n'avez encore qu'un doyen provisoire. Je vous demande comme une grâce de m'instruire de ce fait. Dans la préface de mon huitième volume, qui paraîtra sous quinze jours, je compte faire imprimer l'arrêt de la commission de l'instruction publique qui m'a destitué ou du moins suspendu. Vous verrez sur quels motifs; car j'espère que vous voudrez bien accepter un exemplaire de ce volume comme un hommage de ma profonde estime.

» Si vous ne craignez point de m'instruire sur les détails de votre destitution et sur ses prétextes, je vous prierais de me les mander. Du moins, ne me refusez pas de me dire la vérité sur un fait bien honorable, s'il est vrai, pour votre successeur désigné ou provisoire. Soyez sûr que je ne dirai rien que ce que vous me permettrez de dire relativement à ce que vous aurez bien voulu me confier.

» Recevez l'assurance de ma profonde estime et de ma haute considération pour vos talents. Monsieur et très-

honoré confrère, votre très-humble et obéissant serviteur,

» TOULLIER.

» *P. S.* Eh bien, vous aviez promis de continuer votre
excellent ouvrage, dites-m'en un petit mot et ne soyez
point paresseux.

» Faites-moi le plaisir de me répondre courrier par
courrier, s'il est possible. Le retardement peut me cau-
ser du préjudice en retardant la publication de mon volume. »

La réponse ne se fit pas attendre. Elle était conçue
en des termes tels que les deux grands jurisconsultes
devinrent pour la vie les meilleurs amis. La corres-
pondance de Toullier publiée par M. Lagier, dont j'extrais la lettre suivante, en donne les preuves les plus
touchantes.

« Rennes, 8 juillet 1818.

» Mon très-cher et très-honoré collègue,

» J'ai fait remettre chez mon libraire Warée oncle, au
palais de justice, à Paris, un exemplaire du 8ᵉ volume
que je viens de publier, avec prière de vous le faire passer dans le premier ballot qui partira pour Dijon. Si vous
tardiez à le recevoir, ayez la bonté de le réclamer ou de le
faire prendre à Paris. Puisse-t-il vous faire autant de
plaisir que m'en a fait votre lettre aimable et amicale, que
j'ai lue à tous mes amis qui sont devenus les vôtres en vous
lisant.

» Votre ami, le respectable Poncet, est un homme admirable. Comment diable ! il a autant d'esprit que de délicatesse et de noblesse d'âme ! et cependant je ne le connais-
sais pas. Oh ! que je désirerais être à lieu de vous
connaître tous, de vivre avec vous, de mériter votre amitié, bons professeurs de Dijon ! Eh ! qu'importent les

nuances qui peuvent exister entre les opinions politiques
des hommes ! Hélas ! j'ai vu un temps où nous étions
unis comme vous ; l'ambition et l'esprit de parti ont tout
gâté.

» Mon collègue et mon ami Carré m'a fait connaître
l'ouvrage de M. Poncet ; il m'en a fait l'éloge et le trouve
très-bon. Je vais le lire, le méditer, car j'aime à m'instruire, tout vieux que je suis. Vous verrez la manière dont
j'ai parlé de vos confrères et de M. Poncet en particulier,
dans ma préface ; je ne pense pas que vous en soyez mé-
content. Celui qui m'a remplacé a été mon élève, car je
suis déjà vieux.

» Je reviens à mon volume. Je vous demande pour lui
de l'indulgence. J'ai eu à exposer beaucoup de théories,
sinon nouvelles, au moins jusqu'à présent mal exposées.
J'ai eu à combattre beaucoup d'erreurs, du moins que j'ai
crues telles, échappées à des hommes très-savants ou à
des cours souveraines ; j'ai donc pu m'égarer, et je ne se-
rai pleinement rassuré que quand je saurai ce que pense le
public éclairé ; car j'ai une grande défiance de moi-même.

» J'ai bien envie de voir votre traité sur l'usufruit.
Mais vous avez raison de ne pas vous presser, car le temps
ne fait rien à l'affaire. Vous connaissez sûrement le traité
de Galvanus sur cette matière. On a quelque peine à se le
procurer ici. Vous ne me dites point la matière des autres
traités ; je respecte votre secret, mais il faudra bien qu'il
soit connu.

» Savez-vous qu'il y a aussi à Aix un professeur bien
estimable, un homme d'esprit, et qui a de l'élévation et de
la noblesse dans les sentiments. C'est M. Balzac, doyen
de la faculté de cette ville. Au moment où il apprit mon
déplacement par les journaux, il m'écrivit une lettre très-
aimable, qui me fit d'autant plus de plaisir que je ne soup-
çonnais pas être connu dans ce pays-là. Je vais lui en
renouveler mes remerciments en lui envoyant mon huitième volume.

» Adieu, mon très-cher et très-honorable collègue. Voilà un temps superbe pour les vignes ; vous aurez du bon vin de Bourgogne, nous aurons du bon vin de Bordeaux. Je le trouverais bien meilleur si je pouvais vous en verser une vieille bouteille.

> » *Vale et ama,*
>
> » TOULLIER. »

Le huitième volume de Toullier est celui qui contient le commencement de la théorie des preuves, dans laquelle il s'est surpassé. La préface dont il parle a été supprimée dans les éditions qui ont suivi celle de 1818. J'y prends ce qui est relatif à la faculté de droit de Dijon.

« Je ne puis passer sous silence un trait qui honore
» infiniment les professeurs en droit de l'école de
» Dijon. Leur doyen, le savant Proudhon, dont l'excel-
» lent ouvrage m'a été si utile, fut, en 1815, dénoncé
» à la commission de l'instruction publique. L'incul-
» pation était fausse, mais elle était grave. La commis-
» sion de l'instruction publique le suspendit de ses
» fonctions de doyen et de celles de professeur ; il
» partit pour Paris, se justifia, et fut réintégré dans
» ses fonctions de professeur seulement.

» Aussitôt que ses collègues apprirent qu'il ne l'était
» pas dans celles de doyen, ils résolurent unanimement,
» à son insu et en son absence, de ne point accepter
» le fauteuil, s'il leur était proposé. Ils firent plus :
» ils écrivirent à la commission pour demander que
» leur estimable doyen fût réintégré dans ses fonc-
» tions ; et plusieurs fois, toujours à son insu, ils ont
» renouvelé leurs réclamations.

» Dignes professeurs, qui joignez à la science l'élé-

» vation de l'âme et la noblesse des sentiments, rece-
» vez l'hommage sincère de ma profonde estime ! J'en
» dois un particulier au mérite, au désintéressement
» de M. Poncet, qui, forcé de remplir provisoirement
» les fonctions de doyen et de supporter les ennuis
» et les embarras attachés à cette place, voulait abso-
» lument en laisser l'émolument dans la caisse de
» l'université, afin de ne pas se rendre complice de
» l'injustice faite à son ami. Je craindrais de blesser
» sa délicatesse, si j'ajoutais comment ce louable scru-
» pule a été levé. »

Ce huitième volume ne put être remis à Proudhon,
malgré l'arrivée à Dijon du ballot qui le contenait, en
compagnie de plusieurs autres. Proudhon en donne
la cause à Toullier dans une lettre du 18 août 1818 :
« Un libraire de Dijon en a déjà reçu une douzaine ;
» mais le premier coup d'œil qu'on a jeté sur la pré-
» face a fait une telle sensation que la douzaine a été
» enlevée dans la première matinée et c'est par cette
» raison-là que je n'ai pas reçu le mien.

» Vous voyez par là, mon cher collègue, qu'il existe,
» sans qu'on s'en doute, des sentiments d'affection
» entre les braves gens de tous les pays. »

Proudhon n'en avait pas moins éprouvé, avant de
remonter dans sa chaire, tout ce que les plus odieuses
dénonciations peuvent produire dans les moments de
crise politique (1). On en mettait partout.

Le 5 décembre 1816, les élèves se réunissent dans
une des salles de la faculté pour organiser un dîner
de saint Nicolas, auquel ils invitent tous leurs profes-

(1) Elles se sont reproduites, mais sans résultat, contre deux de
nos meilleurs collègues, au commencement du second Empire.

seurs. L'autorité s'en émeut ; le recteur demande des
explications. Dociles aux bons conseils de leurs professeurs, pour éviter toute difficulté, les élèves renon-
cent à leur dîner déjà commandé à l'hôtel du *Chapeau-
Rouge*, le premier de la ville à cette époque.

À quelque temps de là, le 5 février 1817, la repré-
sentation est un peu tumultueuse au théâtre. On y voit
encore de la politique. Les étudiants en droit sont dé-
noncés comme en étant les auteurs sous l'instigation
de Proudhon. Ce dernier reçoit de la commission supérieure de l'instruction publique une lettre, qualifiée de plus que sévère dans la délibération de la
faculté, qui s'assemble à cet effet. Le tapage fait au
théâtre avait été oublié le lendemain ; personne n'y
avait pensé. Proudhon, l'homme le plus tranquille du
monde, qui, en fait de théâtre, n'était jamais allé qu'à
celui des marionnettes avec des petits enfants, ne se
doutait même pas de ce qui s'était passé, ni ses collègues non plus. J'extrais de la délibération du 4 avril
1817 un considérant qui peint les mœurs des professeurs de cette époque, à Dijon au moins. La faculté,
après avoir constaté, à l'unanimité, la vie paisible, sé-
dentaire de Proudhon, qui ne sortait pas de chez lui
le soir, accomplissait ses devoirs d'une manière exemplaire, etc.; puis, la bonne conduite des étudiants en
dehors de l'école, attestée par les rapports de surveillance demandés aux fonctionnaires chargés de ce service, continue ainsi : « En ce qui touche à la rixe qui
» a eu lieu au théâtre de Dijon l'hiver dernier, consi-
» dérant *qu'aucun des membres de la faculté ne fré-*
» *quente le théâtre,* qu'en conséquence il ne peut leur
» être permis de déclarer par eux-mêmes autre chose,
» sinon que, d'après les rapports de tous et la noto-

» riété publique, cette rixe n'a été qu'un événement
» spontané, sans relation avec aucune circonstance
» politique, et que, suivant ce que la renommée en a
» appris dans le temps aux professeurs, les étudiants
» en droit n'y avaient mérité aucun reproche. Par ces
» considérations, les soussignés, membres de la faculté
» de droit, pénétrés de tous les sentiments que doit
» inspirer à des hommes d'honneur une insinuation
» aussi étrange que celle dont il s'agit; arrêtent : Que
» pour éclairer l'autorité supérieure sur la vérité des
» faits, M. Poncet, faisant provisoirement les fonctions
» de doyen, demeure chargé d'écrire officiellement, au
» nom de la faculté, aux diverses autorités locales,
» pour avoir, par écrit de leur part, des déclarations
» franches, soit sur les causes et les circonstances de
» la scène tumultueuse qui a eu lieu au spectacle de
» Dijon, soit sur la conduite morale et politique des
» étudiants en droit ; soit enfin, s'il serait parvenu à
» leur connaissance quelques faits dont on pourrait
» faire dériver des motifs d'inculpation contre les pro-
» fesseurs ou quelqu'un d'entre eux , pour, après
» avoir reçu leurs réponses, être ultérieurement déli-
» béré ce qu'il appartiendra. »

Les déclarations de l'autorité ne se firent pas attendre. Elles furent unanimes pour disculper complète-
ment étudiants et professeurs. Il suffit d'en envoyer
les copies à la commission d'instruction publique pour
que Proudhon reçût du ministre de l'intérieur Lainé
une lettre, dans laquelle il lui disait : « On a voulu
» donner à tout cela plus d'importance qu'il ne fal-
» lait. Vous étiez dans tous les cas bien étranger à
» cette affaire; il n'en faut plus parler. Vous devez
» être assuré par votre conduite qu'il ne doit plus être

» question maintenant de toutes ces discussions. »

La commission d'instruction publique, par une autre lettre signée de Cuvier et Royer-Collard, se félicita d'avoir pu lui faire obtenir du ministre ce témoignage de satisfaction, en l'invitant à n'avoir aucun *ressentiment* de ce qui s'était passé.

Proudhon était remonté dans sa chaire ; mais le décanat ne lui fut rendu que peu de temps avant les vacances de 1818, ainsi qu'il l'apprend à Toullier dans sa lettre du 18 août.

« Je viens d'être rétabli dans l'exercice de mes fonctions de doyen. Je sais que les députés de notre département en avaient beaucoup parlé à M. Royer-Collard, mais je n'avais fait moi-même aucune demande directe à cet égard, et je n'y pensais pas quand l'arrêté est arrivé. Nous avons dit entre nous qu'il n'était pas impossible que votre préface eût contribué à cela, et, si nous avons deviné juste, ce premier pas fait à mon égard est une grande raison pour espérer qu'on vous rendra aussi justice à vous-mêmes, ce à quoi nous attachons beaucoup d'importance, car vous jouissez ici de la grande considération qui est due à vos vastes connaissances.

» Je vous embrasse de tout mon cœur,

» PROUDHON.

» *P. S.* Ma réintégration m'a coûté quelques bouteilles de bière et deux ou trois plats de croquets, que j'ai fait boire et manger à une troupe de musiciens qui sont venus, conduits par la jeunesse de la ville, me donner une très-belle sérénade à laquelle ont assisté un grand nombre de dames. Nous y avons porté votre santé, en attendant que vous puissiez en faire autant pour nous. C'est dont là un article que je ne devais pas oublier. »

Tous les ans, à la fête du bon doyen, les mêmes manifestations avaient lieu déjà avant 1815. Ses confrères du barreau lui manifestèrent leur estime en le nommant dix années de suite bâtonnier.

La suppléance de Jacotot était toujours vacante. Une lettre de la commission supérieure de l'instruction publique, en date du 9 janvier 1817, invite la faculté à faire une présentation de deux candidats, dérogeant ainsi à la loi du concours. La faculté, assemblée le 16, en fait l'observation et cherche à s'en écarter le moins possible en présentant un candidat qui s'y était déjà distingué.

« Considérant que , si les circonstances actuelles » peuvent exiger que l'on s'écarte transitoirement de » l'antique forme du concours, M. Morelot a déjà fait » ses preuves dans un concours tenu devant la faculté » de droit de Dijon, où il a paru avec éclat;

» Arrête : que, pour ce cas particulier seulement, et » sans qu'on puisse en tirer conséquence pour l'ave- » nir, M. Morelot, avocat, docteur en droit à Dijon, » est présenté en premier ordre. »

M. de Merey, le premier des docteurs reçus à la faculté de Dijon, qui, en 1809, occupait déjà au barreau de Besançon la première place, qu'il garda près de cinquante ans, est présenté en second ordre.

Le choix de la faculté accueilli, M. Morelot y est installé comme suppléant, le 13 février 1817.

Le conseil académique avait déjà, dans une délibération du 8 décembre 1816, présenté MM. Morelot et Battur. Ce dernier, qualifié de docteur dans ladite délibération, n'était que licencié. La faculté constate l'illégalité de cette présentation.

L'usage à la faculté de Dijon était de faire faire aux

suppléants des cours sur les matières qui n'étaient pas enseignées par les titulaires. Il n'y avait pas, on se le rappelle, à cette époque de chaire de droit commercial. Ce cours fut fait d'une manière continue par M. Morelot jusqu'en 1826, époque à laquelle il remplaça, dans une des chaires de code civil, M. Guichon, à la suite d'un concours ouvert à Dijon le 10 juin. Il avait eu pour concurrents M. Maîry, l'un des meilleurs avocats de notre barreau au tableau duquel il figure encore, et M. Serrigny, qui, à peine reçu docteur (24 février 1826), sut particulièrement se distinguer dans ce concours, présidé par l'inspecteur général Delamalle. Il ne devait pas tarder à entrer dans une école où il a si solidement fondé l'enseignement du droit administratif.

Guichon, qui avait occupé la chaire de législation à l'école centrale de la Haute-Saône, à Vesoul, n'a rien laissé. Son successeur fut installé le 16 août 1826. L'école, n'ayant plus de suppléants, adressa des réclamations pressantes au ministre des affaires ecclésiastiques et de l'instruction publique, Mgr de Frayssinous, évêque d'Hermopolis. Cinq places de suppléants étaient vacantes dans les facultés de Paris, Dijon, Caen et Poitiers. Le concours, ouvert à Paris au milieu de l'année 1827, pourvut aux deux suppléances vacantes à Dijon, par la nomination de MM. Lorain et Victor Ladey, fils du professeur de droit romain.

Nous comptons malheureusement en France par révolutions. Celle appelée de Juillet, la plus bénigne de toutes, ouvrit aux facultés de droit une ère plus prospère.

La faculté de Dijon, qui depuis longtemps déjà demandait une chaire de droit commercial, avait renouvelé ses instances dans une délibération du 15 juillet 1830. Elle insistait spécialement sur la chaire de droit commercial, dont la plupart des autres facultés étaient déjà dotées, tout en faisant voir la nécessité toujours existante d'une séparation de l'enseignement de la procédure civile de celui de la procédure criminelle et du droit pénal. Elle demandait aussi la création d'une troisième chaire pour le droit public et administratif. Elle n'obtint pour cette fois que la chaire de droit commercial, qui lui fut donnée le 16 février 1831. Le lendemain M. Lorain, suppléant, en fut nommé le premier titulaire. Sa suppléance, mise au concours le 2 janvier 1832, fut emportée de haute lutte par M. Serrigny, qui s'était déjà fort distingué dans le concours précédent.

Le digne et respectable Poncet, qui occupait la chaire de procédure civile et de droit criminel depuis la réorganisation de l'école, affaibli avant l'âge par de longs travaux, accablé d'infirmités, demande et obtient sa retraite avec le titre de professeur honoraire, le 23 avril 1833. Il se repose, ou plutôt souffre encore deux ans, pour s'éteindre, le 5 février 1835, à l'âge de soixante-huit ans, dans les bras des amis que sa bienveillance, sa douceur et son inépuisable bonté lui avaient acquis en grand nombre. Aimé et estimé de tous, ses concitoyens l'avaient unanimement et sans distinction d'opinions porté au conseil municipal. Sa délicatesse égalait son désintéressement. Nous connaissons sa belle conduite pendant la suspension de Proudhon ; son éloge est toujours sur les lèvres de ses anciens élèves et de ses collègues. Nous devons maintenant l'apprécier à un autre point de vue.

Cultivant les lettres et le droit, Poncet était mem-

bre de l'académie de Dijon, dans la section des lettres, depuis le 22 juillet 1802. Mais c'est surtout
comme jurisconsulte que Poncet mérite d'être connu.
Nous l'avons suivi jusqu'à son entrée dans la nouvelle école en 1806. Ses travaux, dont j'ai déjà parlé
et que j'ai sous les yeux, semblaient l'appeler plutôt
à l'enseignement du droit civil, qu'il avait si brillamment inauguré à l'école centrale, qu'à celui de la
procédure. Il se remit courageusement à l'œuvre, et
les traités qu'il nous a laissés sur la procédure civile
feraient regretter qu'il n'eût pas été chargé de cette
branche de l'enseignement. Ses cours, faits dans la
forme synthétique, se composaient de traités sur
chaque matière qu'il avait à développer. Il l'éclaire
d'abord par une savante exposition des principes,
auxquels il rattache méthodiquement et avec une
logique parfaite toutes les déductions que comporte
son sujet, toujours bien divisé et exploré jusque dans
ses plus minces détails. Deux seulement de ces traités
ont été imprimés : le traité des *Actions*, Dijon, 1817,
1 vol. in-8°, et le traité des *Jugements*, Dijon, 1822,
2 vol. in-8°. Le premier, dans lequel l'auteur expose
avec une grande clarté la théorie de toutes les espèces
d'actions, leur nature, leurs caractères distinctifs,
leur durée, leurs effets, la compétence qu'elles déterminent, les exceptions avec des développements de
la même étendue, est en quelque sorte le préliminaire du second traité, celui des *Jugements*, beaucoup
plus ample. La matière y est, on peut le dire, traitée
de main de maître, avec une grande indépendance.
Poncet n'empruntait rien à personne ; tout est tiré de
son fonds. Au reste, à l'époque où il écrivait, rien de
remarquable n'avait encore été publié sur le code de

procédure civile et le traité des *Jugements* n'a encore
été ni égalé, ni dépassé. Tout y est rattaché avec une
logique serrée, une profondeur de vues et une hauteur de pensées que pouvait seule donner la connaissance la plus exacte des bases du droit, aux principes de cette science dans un style facile et correct.
La lettre de Toullier à Proudhon, que nous avons
transcrite, nous montre le cas qu'un des jurisconsultes qui a le mieux traité la procédure, son collègue
Carré, en faisait, et un des panégyristes de Poncet a
pu dire, avec raison, que ceux qui méditeront le
traité des *Jugements*, avec l'attention qu'il mérite,
regretteront beaucoup que l'auteur n'ait pas eu le
temps de donner au public ses autres traités. Celui-
ci comprend, il est vrai, la partie la plus notable et la
plus riche en développements historiques du code de
procédure. L'auteur, après avoir traité des jugements
en général, du contrat judiciaire, descend dans les
nombreuses divisions des jugements, examine chacune d'elles en particulier, en détermine le caractère et
les effets, en déduit les conséquences juridiques. Passant ensuite à l'examen de leurs conditions et formes
extrinsèques, des effets du défaut de ces formes ou conditions, Poncet consacre la seconde partie de son ouvrage,
la plus étendue, aux voies données pour attaquer les
jugements. Les voies ordinaires occupent la seconde
moitié du premier volume. La chose jugée et ses effets,
l'hypothèque judiciaire, les règles générales sur l'exécution, sont comprises dans les quatre-vingts premières
pages du second ; tout le reste est consacré aux voies
extraordinaires. Les jugements rendus par les tribunaux d'exception et en matière criminelle, correctionnelle et de police, y sont traités aussi. Le livre se

termine par les recours en révision, en grâce, et la réhabilitation criminelle et commerciale.

L'excellent livre de Poncet n'est plus guère lu ni cité aujourd'hui ; il n'est même pas connu d'un assez grand nombre de jurisconsultes. Cela tient, je crois, à plusieurs causes. La réclame et autres moyens de publicité, dont on a abusé depuis, n'étaient pas pratiqués au temps où Poncet écrivait. Son caractère l'aurait d'ailleurs éloigné de l'emploi de pareils moyens. La date de son ouvrage y est aussi pour quelque chose. On ne croit plus aujourd'hui qu'il puisse y avoir quelque chose à apprendre dans un livre imprimé en 1817 ou en 1822. Enfin, dans les matières de procédure et de droit criminel, au palais particulièrement, on fait du droit à peu près exclusivement avec la jurisprudence. A ce point de vue, les notes de Chauveau sur Carré, qui en ont fait un immense fouillis, le dictionnaire de Bioche, celui de M. Dalloz, les codes annotés, bourrés d'arrêts à chaque ligne, ont nécessairement dû avoir la préférence. Les principes y sont complétement noyés, si ce n'est perdus de vue, et sans aucun lien entre eux. Utiles au palais, ces livres seraient dangereux à l'école. Poncet, se plaçant au contraire toujours au point de vue doctrinal, ne cite que très-rarement les document jurisprudentiels, qui, de son temps d'ailleurs, étaient beaucoup moins nombreux qu'aujourd'hui. Il ne mentionne guère que ceux qui sont contraires à son opinion, pour les combattre avec la plus entière indépendance. Il n'en est pas moins vrai qu'il y a plus de véritable droit dans un chapitre de Poncet que dans un volume de ces dictionnaires qui tuent la science. Nous sommes à l'école pour laquelle écrivait

Poncet, et il restera, avec Ronceune et Boitard, un des meilleurs auteurs à mettre dans les mains de ceux qui étudient ou enseignent la procédure.

Poncet eut un digne successeur dans la personne d'un des meilleurs élèves de la faculté de Dijon, à laquelle il appartenait déjà comme professeur suppléant. M. Victor Ladey, fils du professeur de droit romain, monta dans la chaire de procédure civile et de droit criminel, à la suite d'un concours ouvert le 2 janvier 1834. MM. Serrigny et Drevon, qui devaient bientôt devenir ses collègues, étaient au nombre de ses concurrents.

Un autre futur professeur, je peux dire une étoile, qui ne devait que passer à la faculté de Dijon, à laquelle il appartenait aussi comme élève, remplaça M. Ladey dans sa suppléance. William Belime fut nommé après un brillant concours ouvert le 2 janvier 1835. Deux ans plus tard, après un autre concours ouvert le 2 mai 1837, il s'assied dans la chaire de droit romain, laissée vacante par le décès de M. Ladey père. Avocat très-distingué et très-occupé, M. Ladey a laissé d'aussi bons souvenirs au palais qu'à l'école. Son successeur avait trouvé dans M. Serrigny, qui n'avait manqué la chaire de droit romain que d'une voix, un adversaire digne de lui. On peut s'applaudir aujourd'hui du résultat du concours qui a permis de placer M. Serrigny dans la chaire de droit administratif. Elle n'aurait peut-être, je ne dis pas mieux, mais aussi bien occupée. L'esprit de Belime le portait plutôt vers le droit romain et les études historiques. L'esprit net, pratique, précis, de M. Serrigny, secondé par un immense et infatigable travail, devait porter la lumière dans cette branche du droit, à peine alors élaborée, dont l'étude demande une patience à toute épreuve, la lecture et la condensation de milliers de textes épars dans le *Bulletin des lois*, se renouvelant et s'abrogeant sans cesse. M. Serrigny devait y joindre les connaissances historiques si étendues dont il a fait preuve dans ses deux beaux volumes sur le droit administratif romain.

Le 23 mars 1836, la faculté de droit de Dijon avait, dans une délibération envoyée au ministre de l'instruction publique, renouvelé sa demande d'une chaire de droit administratif, instituée déjà dans d'autres facultés, en recommandant au choix du ministre, M. Serrigny, que de longues études sur ce sujet rendaient plus propre que tout autre à combler la lacune qui existait dans l'enseignement de la faculté. La crainte d'y voir appeler un autre titulaire se manifeste dans cette partie de sa délibération que je transcris : « Nous ne nous départirons jamais du respect » qui est dû à l'autorité jusque dans ses erreurs ; » mais nous verrions avec un profond chagrin la » nouvelle chaire envahie par un homme étranger à » l'enseignement, et ne réunissant par les conditions » requises pour être admis au concours. Ce serait » nécessairement une surprise faite à votre sagesse ; » et nous demanderions qu'il nous fût au moins » permis d'éclairer votre religion. » L'attente de la faculté ne fut pas déçue. M. Serrigny, nommé, par ordonnance du 31 décembre 1837, à la chaire de droit administratif, créée le 12 du même mois, y fut installé le 17 janvier 1838. L'enseignement du nouveau professeur qui devait conquérir une place si élevée dans le droit administratif, justifia le choix de la faculté, qui le connaissait si bien.

Il n'y avait plus, nous le savons, d'inspecteurs généraux des facultés de droit, depuis la fin de 1830. C'était une autre lacune dont on ne tarda pas à s'apercevoir. Aussi, un arrêté du ministre de l'instruction publique, qui ne pouvait encore rétablir l'inspection, faute de fonds votés au budget, délègue seulement ces fonctions le 27 juillet 1838, au plus ancien des docteurs de la faculté de Paris, à Dupin l'aîné, alors président de la Chambre des députés, procureur général à la Cour de cassation et membre de la commission des hautes études du droit qui venait d'être instituée. Un ministre éclairé, anxieux des progrès à réaliser dans l'enseignement du droit, M. de Salvandy, s'était bien vite aperçu des fâcheux effets produits par la suppression des inspecteurs généraux qui laissait les facultés de droit sans représentants dans le conseil royal de l'instruction publique. Des plaintes avaient été portées à la tribune de la Chambre des députés. Il était nécessaire de s'enquérir des développements à donner à l'enseignement du droit, peut-être trop limité par la codification. C'est dans ce but que le ministre demanda et obtint du roi la création d'une haute commission des études du droit, composée des magistrats et des professeurs les plus en renom. L'un de ses membres, Dupin, auquel nous venons de voir déléguées temporairement les fonctions d'inspecteur général, fut chargé de se rendre en cette qualité, dans les facultés de droit, avec mission d'assister aux cours, examens et délibérations, pour faire un rapport sur leur état et leurs besoins.

L'inspecteur délégué arriva à Dijon au commencement du mois d'août 1838, et assista d'abord au cours du doyen, de Proudhon, déjà bien affaibli par l'âge;

il était dans sa quatre-vingt-unième année. L'éminent professeur n'en fit pas moins une magnifique leçon sur l'article 526 du code civil. A la fin du cours, — ce devait être hélas ! le dernier, — Dupin, ne pouvant contenir son admiration, se leva de son siége pour aller embrasser le savant et vénéré maitre, au milieu du nombreux auditoire qui partageait leur attendrissément. Laissons parler M. le conseiller Lagier, témoin de cette scène : « L'éloquent orateur de la tribune et
» du barreau, pressant avec effusion son vieil ami
» dans ses bras, le savant professeur chargé de gloire
» et d'années, trop faible pour l'émotion de cette
» scène; ces nombreux jeunes gens accourus pour
» recevoir les instructions de deux hommes célèbres,
» et partageant leur attendrissement, formaient un
» tableau délicieux. Pourquoi l'avenir y mêla-t-il
» ses tristes couleurs ! On venait d'entendre les avis
» paternels que le vénérable doyen donnait à ses
» élèves avant de les quitter. On croyait voir le pres-
» sentiment d'une fin prochaine, dans la sollicitude
» avec laquelle il appelait sur eux l'affection de son
» ami et son puissant patronage comme pour suppléer
» à un amour et à un zèle près de s'éteindre. En effet,
» moins de trois mois après, Proudhon revenait à
» Dijon, mourir sur le seuil de son école. » Il avait été malade dans l'été de 1838, et n'était pas encore bien remis quand il monta en chaire. Le 20 novembre il n'était plus. De ses quatre-vingt-un ans, quarante-deux avaient été consacrés à l'enseignement du droit. Sa vieillesse paisible, exempte d'infirmités, se continua et finit dans le travail. Ses élèves, au passage du duc d'Orléans à Dijon, en 1830, avaient demandé et obtenu pour leur vieux maitre la croix de la Légion

d'honneur. Il la portait toujours sur son grand habit à la française, comme un touchant souvenir. Cette justice était tardive; aussi, reçut-il bientôt le titre d'officier. Il était membre correspondant de l'Institut, des académies de Dijon et de Besançon. Tout entier à l'enseignement pour lequel il était si bien fait, il avait refusé un siége à la Cour de cassation.

Les vacances de 1838 avaient été passées à corriger les épreuves de son dernier ouvrage, le *Traité de la Propriété*. Quoique indisposé, il était revenu de son pays, des montagnes du Doubs, à Dijon, le 13 novembre, pour reprendre ses cours. Dès son arrivée, une grande faiblesse accompagnée de toux et d'assoupissement s'empara de lui; le 19 il perdit connaissance et s'éteignit le lendemain. La tristesse publique, l'énorme foule qui accompagnait son convoi révélèrent assez l'universelle vénération qu'il s'était acquise. Le conseil municipal, à l'unanimité, donna son nom à la rue qu'il avait habitée pendant les trente-deux années de son séjour à Dijon. Un marbre commémoratif est placé sur la façade de sa maison.

J'ai déjà apprécié Proudhon comme professeur en terminant l'histoire de l'école centrale du Doubs. Aussi clair dans son cours que dans ses ouvrages, il avait, à un degré superlatif, le véritable talent du professeur, le don d'initiation. Il aurait appris le droit au moins capable de le comprendre. Les questions les plus ardues devenaient très-simples sous sa facile démonstration. Ses ouvrages, qui reflètent son enseignement, le placent à la tête des jurisconsultes qui, comme lui, interprétèrent les premiers le code civil. On est étonné, en les lisant, — le *Traité de l'usufruit* surtout, — du grand nombre de questions qu'il a su prévoir et résoudre

avec tant de logique et de bon sens sans autre guide
que les textes et sa raison. Sa parfaite connaissance
du droit romain et de notre ancien droit éclaire continuellement sa marche, qu'il n'embarrasse pas par les
nombreuses citations d'arrêts que nous rencontrons
dans quelques ouvrages modernes. « C'est dans l'exa-
» men des lois elles-mêmes, dans la méditation des
» bases sur lesquelles elles reposent et des motifs
» qui les ont fait porter; dans l'examen approfondi
» de leur texte, la comparaison et le rapprochement
» de leurs dispositions qu'il faut chercher la science
» du droit. » Il s'élève fortement, dans la préface du
Traité de l'usufruit dont j'ai extrait ces lignes, contre
l'abus des citations d'arrêts, déjà stigmatisé par le
plus grand des magistrats bourguignons, le président
Bouhier, dans la préface de ses traités sur la Coutume
de Bourgogne, le plus beau monument élevé au droit
coutumier et à l'histoire du droit, qui rend à jamais
regrettable la perte de ses autres travaux.

J'ai, en terminant l'histoire de l'école de Besançon,
analysé le premier ouvrage de Proudhon, le moins
connu, son *Cours de législation fait à l'école centrale
du Doubs.* L'analyse des autres m'entraînerait trop
loin. Ils sont d'ailleurs ou doivent être connus de
ceux qui me liront. Je me bornerai donc à en donner
la liste, qui forme un total de vingt et un volumes in-8°
en y comprenant celui que je viens de citer.

1° *Cours de législation et de jurisprudence françaises.* Besançon, an VII (1799), 2 vol.

2° *Traité de l'état des personnes et sur le titre préliminaire du Code civil.* 1re édit., Dijon, 1809; — 2e édit.,
Dijon, 1810; — 3e édit. enrichie des notes et observations de M. Valette; Dijon, 1842, 2 vol.

3° *Traité des droits d'usufruit, d'usage et d'habitation*, etc. Dijon, 1823-25, 9 vol. Dans la seconde édition, donnée aussi à Dijon en 1836, cet ouvrage est divisé en deux parties. La première comprend, dans cinq volumes, le traité des droits d'usufruit, d'usage personnel et d'habitation. La seconde, consacrée aux droits d'usage considérés comme servitudes réelles, au droit de superficie, à la jouissance des biens communaux et des établissements publics, demandait une refonte générale rendue nécessaire par la publication du code forestier et des nouvelles lois municipales. Elle a été donnée en trois volumes avec les excellentes annotations d'un ancien élève de l'auteur que nous connaissons déjà, devenu aussi un profond jurisconsulte, Curasson, auteur très-estimé de deux traités, l'un sur le Code forestier, l'autre sur la compétence des juges de paix ; le premier publié à Dijon, en 1836, en 2 vol. in-8° ; le second dans la même ville, en 1841, en 2 vol. in-8° également.

4° *Traité du domaine public, ou de la distinction des biens principalement par rapport au domaine public.* 1re édit., Dijon, 1833, 5 vol. — L'auteur, dans ces deux derniers traités, fait preuve de connaissances aussi étendues en droit administratif qu'en droit civil. Les nouvelles lois administratives demandaient encore ici une seconde mise en œuvre que nous devons aussi à un autre élève de Proudhon, Victor Dumay, qui a honoré le barreau et l'administration municipale de Dijon. Cette seconde édition a été donnée en 1843-45, 4 vol. Victor Dumay, très-versé dans les matières administratives, est l'auteur d'un bon commentaire de la loi du 21 mai 1836 sur le chemins vicinaux, contenant un traité général de l'alignement, de l'ex-

9

propriation pour cause d'utilité publique, les règlements municipaux, etc., publié à Dijon en 1844, 2 vol.
in-8°.

5° *Traité du domaine de propriété et de la distinction des biens considérés principalement par rapport
au domaine privé*. Dijon, 1839, 3 vol. in-8°. C'est le
moins lu peut-être, mains non le moins intéressant
ni le moins bien fait des traités de Proudhon que la
mort surprit corrigeant les épreuves du second volume. L'ouvrage étant complet en manuscrit avant de
le livrer à l'impression, selon les habitudes de l'auteur, a pu être livré au public sans retard. On voit
que les nouvelles réimpressions ont réduit l'œuvre de
Proudhon à dix-neuf volumes. Sa première pensée
avait été de publier un cours entier sur le code civil
pour lequel il avait accumulé d'immenses matériaux.
Mais rien ne sortait de sa plume sans être complète-
ment achevé, sans que le sujet traité, envisagé sous
toutes ses faces, mis en rapport avec les autres parties du droit qui s'y rattachaient, ne fût pour ainsi dire
épuisé. Au moment où le code civil fut promulgué,
Proudhon, qui en faisait l'objet de si longues et de si
profondes méditations, avait déjà parcouru une grande
partie de sa carrière. Averti par l'âge, il dut se limi-
ter. Ses efforts se concentrèrent sur l'état de la propriété et ses divers démembrements. Si sa longue vie
avait pu se prolonger encore, nous aurions eu un
traité des servitudes. Les parties du second livre traitées par lui n'ont reçu de personne des développements aussi étendus. Une seconde vie aussi longue
que la sienne aurait à peine suffi à les faire porter
sur le reste du Code. Il le sentait très-bien ; aussi a-t-il
rattaché aux matières spéciales qu'il traitait des théo-

ries puisées dans d'autres parties de la législation civile.

Nous n'aurions pas complété notre tâche si, en parlant des ouvrages de Proudhon, nous n'avions associé à son nom celui de son éditeur, de son ami, M. Victor Lagier, si dignement représenté aujourd'hui par M. le conseiller Lagier, l'un des meilleurs élèves du maître dont il a fait le touchant éloge placé en tête du *Traité du domaine de propriété*. Nous lui sommes aussi redevables des tables si amples et si bien faites qui permettent de trouver facilement dans ce traité le point recherché. La très-remarquable exécution typographique et l'exacte correction des volumes de Proudhon en rend la lecture facile et attrayante.

Après la mort du chef de l'école de Dijon, le décanat, par une faveur dont la cause m'est inconnue, fut donné à l'un des plus jeunes membres de la faculté, au professeur de droit commercial, M. Lorain. Dans les anciennes écoles, le décanat appartenait de droit, et avec raison, au plus ancien titulaire. Le mot était appliqué avec l'acception qu'une pratique séculaire lui avait donnée. Le plus ancien titulaire était alors M. Carrier, dont la nomination datait de 1809. Le nouveau doyen comptait à peine sept ans d'exercice et avait encore avant lui M. Morelot.

L'école était privée de ses suppléants, tous alors montés dans des chaires. Un concours ouvert à Paris en 1839 y pourvut par la nomination de MM. Drevon et Gaslonde. Le premier, qui tenait avec les de Merey, les de Mesmay, les Curasson, la tête du barreau de Besançon, devait bientôt s'asseoir dans la chaire de son maître, de Proudhon. Toujours dominé par l'étude théorique du droit, Drevon, qui avait quarante-neuf ans lorsqu'il concourut pour la suppléance, consacrait les loisirs que lui laissait le barreau à la science, ne se délassant de l'étude du droit français que par celle du droit romain. Nous lui devons, en collaboration avec l'avocat général Maurice, la dernière édition du commentaire de Voet sur les Pandectes, précieux au point de vue des sources de notre droit actuel, car il rapproche toujours la pratique de son temps des décisions données par les jurisconsultes romains. Ces sources sont indiquées par les nouveaux éditeurs dans une table de concordance qui met les articles du code civil en rapport avec les passages de l'ouvrage qui y correspondent. Cette dernière édition a été publiée à Besançon en 1829, en 4 volumes in-4°. La découverte de Gaïus obligea Drevon, qui s'était déjà fort distingué dans des concours précédents et ne voulait y reparaître qu'armé de toutes pièces, à recommencer, pour ainsi dire, ses études de droit romain à un âge où un avocat, occupé comme il l'était, ne songe guère d'ordinaire au droit anté-justinien. Il y mit à l'étudier et à le bien connaître la patience et la ténacité qui faisaient le fond de son caractère, refusant jusque-là, malgré les pressantes sollicitations de ceux qui connaissaient toute sa science et ne désiraient rien tant que de l'avoir pour collègue, de prendre part aux luttes dans lesquelles le succès qu'il obtint à Paris lui était à peu près assuré. Aussi ne resta-t-il suppléant que pendant le très-court espace de temps qui sépara la fin du concours de Paris de celui qui s'ouvrit à Dijon, le 1er décembre 1839, pour la chaire de Proudhon, que dix candidats se disputaient. Drevon y fut nommé à l'unanimité des voix moins une. Imbu des traditions du maître qui lui avait communiqué le don d'initiation, il les continua dignement, joignant à la théorie les ressources acquises dans une longue pratique à laquelle il renonça pour toujours.

Les besoins de l'école nécessitant immédiatement le remplacement de Drevon dans sa suppléance restée vacante, M. Lapérouse, fort remarqué des juges du cours auquel il avait pris part, y fut appelé à titre provisoire, en attendant un nouveau concours dont les deux qui venaient d'avoir lieu successivement faisaient présumer l'ouverture assez éloignée dans l'avenir. Elle fut néanmoins plus rapprochée qu'on ne l'avait pensé. Deux vacances se produisirent bientôt à l'école par le décès de Carrier, le plus ancien titulaire d'une des chaires du code civil, et par la démission de M. Lorain, professeur de droit commercial.

Carrier, auquel les honneurs tardifs du décanat ne furent décernés que sur son lit de mort, succomba des suites d'une opération de lithotritie. Voyant venir avec calme et résignation sa fin, il disait en souriant aux amis qui l'entouraient et se faisaient encore des illusions en lui annonçant sa promotion : « Le déca- » nat, quelque empressement que le rédacteur de » l'ordonnance veuille bien y mettre, n'arrivera que » pour décorer mon cercueil. »

Homme d'une probité antique, il ne recevait comme avocat que la moitié des honoraires offerts par ses clients. On le vit payer de ses deniers les frais d'un procès perdu qu'il avait conseillé, le croyant juste.

Dès 1812, Carrier avait terminé pour ses cours la composition d'un ouvrage complet sur le code civil, en forme de traités dont j'ai eu le manuscrit dans les mains. Il n'a publié que les traités des obligations, du contrat de mariage et des hypothèques, en 3 volumes in-8° imprimés à Dijon en 1818. Ces travaux ont été depuis bien dépassés; mais il faut, pour les apprécier, se reporter à l'époque où ils ont été écrits. Carrier se frayait le chemin élargi par ceux qui y sont passés après lui. La publication des ouvrages de Toullier et de Proudhon, avec lesquels il n'était guère possible de lutter, arrêtèrent, je crois, celle du reste des traités de Carrier, à qui sa modestie ne laissait aucun scrupule sur la supériorité de ses illustres collègues.

La chaire de Carrier, remplacé dans le décanat le 12 mai 1841 par le plus ancien professeur, M. Morelot, est mise, avec celle de droit commercial, au concours à Dijon, le 1er décembre de la même année. Douze concurrents, parmi lesquels nous reconnaissons bon nombre de nos collègues, se les disputaient. MM. Caslonde et La Place furent nommés, le premier à la chaire de code civil, le second la chaire droit commercial qu'il a occupée pendant trente années. M. Cabantous, qui devait bientôt quitter notre faculté pour prendre la chaire de droit administratif à Aix, avait remplacé Drevon dans la suppléance que son départ laissa vacante. La démission de M. Lapérouse, entré dans l'administration, priva complétement l'école de ses suppléants. Le ministre y pourvut d'urgence, le 6 décembre 1843, en y envoyant, à titre provisoire, un excellent collègue très-remarqué déjà au concours, M. Ragon, que la faculté de Poitiers devait nous enlever.

L'année suivante, l'école de Dijon est cruellement et inopinément frappée. Le professeur de droit romain, William Belime, meurt à peine âgé de trente-trois

ans, le 14 septembre 1844. L'excès de travail avait
dévoré ses magnifiques facultés. On en jugera par les
travaux qu'il trouva, dans un si court espace de temps,
moyen d'ajouter à ceux de l'école, menant de front la
littérature et le droit dans ses sept années de profes-
sorat.

Son ouvrage capital, le premier publié, qui suffirait
seul à illustrer son nom, est le *Traité du droit de possession et des actions possessoires*, imprimé en 1842,
1 vol. in-8. Rien de comparable n'avait été écrit au-
paravant sur cette matière dans notre droit français,
et rien depuis n'a été mieux fait. Adepte de l'école
historique, Belime, qui connaissait l'allemand, l'an-
glais, l'espagnol, l'italien, était au courant de toutes
les doctrines produites qu'il énonce sans se laisser
aller à leur influence. De profondes études lui avaient
rendu le droit coutumier aussi familier que le droit
romain. Il a donc pu rendre à la possession et aux
actions possessoires, en les dégageant des doctrines
romaines dont Pothier n'a pu secouer le joug et que
Savigny a prises comme seul objectif, leur véritable
caractère déjà indiqué par Henrion de Pansey dans un
chapitre de sa *Compétence des juges de paix*. Les bor-
nes de cet article ne comprennent pas une analyse
du livre de Belime, qui doit être lu en entier. Il y fait
preuve d'une grande indépendance et de beaucoup
d'érudition de bon aloi, en citant et combattant,
quand le besoin s'en fait sentir, les doctrines émises
par ses devanciers qu'il connaissait toutes. Je ne citerai
que sa dissertation sur la nature de la possession et
des actions qu'elle engendre. Son style est net, clair,
correct et précis, sa logique pressante ; l'équité et le
bon sens sont toujours mis au service d'un exposé

doctrinal très-exact et très-complet de l'ancien et du
nouveau droit. Aussi, un bon juge en cette matière,
M. Valette, que nous avons eu l'honneur de compter
parmi nos maîtres, a-t-il pu dire de ce livre, à son
apparition, qu'il y avait plus à y prendre que dans
de très-nombreux volumes publiés sur le même sujet.

Nous retrouvons les mêmes qualités dans un autre
ouvrage de Belime qui manquait aussi chez nous. Il a
pour titre : *Philosophie du droit, ou cours d'introduction à la science du droit* (1). Le premier volume a
été publié en 1844, le second en 1848, après la mort
de l'auteur par son frère sur le manuscrit achevé qui
m'avait été communiqué. L'auteur, s'appuyant sur les
deux grandes bases de droit, la philosophie et l'histoire,
expose dans un premier livre la loi morale et ses fondements, en faisant connaître tous les systèmes produits avant le sien. Il sépare, dans un second livre,
la morale du droit, donne les préceptes généraux du
droit naturel, apprécie les différentes écoles, historique, rationaliste, etc., examine l'influence des circonstances extérieures sur le droit, le genre de vie, le
climat, la religion. Il divise, dans le troisième livre,
le droit dans ses différentes branches, donne un
aperçu de chacune d'elles. Le quatrième livre marque
la transition du droit naturel au droit écrit. Les lois,
en général, leurs diverses espèces, leur confection,
leur promulgation, leur limite d'action, leur abrogation, leur style, leur interprétation, la coutume,
l'équité, la doctrine, la jurisprudence, la codification,

(1) Notre ancien et regretté collègue de Strasbourg, Eschbach, a
aussi donné sur le même sujet un excellent livre conçu sur un plan
tout différent de celui de Belime.

la classification des lois terminent ce livre et le premier volume. Le second, divisé en six livres, est consacré à l'exposé des principes fondamentaux du droit civil, qui forme la base des études juridiques.

Un autre livre manquait alors aussi à la science, l'histoire du droit français, entreprise depuis par Laferrière, qui n'a pu la conduire à sa fin (1). Belime en avait rassemblé tous les matériaux. La mort l'a surpris avant qu'il ait pu y mettre la dernière main. Elle ne lui a pas permis non plus d'achever un autre travail, complet cependant, dans les parties que j'ai lues, travail destiné aux élèves qui suivaient son cours. L'*Explication des Institutes de Justinien* s'arrête au titre *De rebus incorporalibus*. Rien de plus net et de plus clair. Le professeur s'y montre constamment au courant des doctrines nouvelles exposées dans un style facile et saisissant, complétement dégagées des brouillards du Rhin.

Collaborateur et lecteur assidu des revues littéraires, Belime donnait à celle des deux Bourgognes des articles très-remarqués, entre autres : *Georgio Vasari chez le duc de Mantoue* (nouvelle), — *La Musique simplifiée*, — *A une Momie* (poésie), — *La Pierre du Triumvirat*, — *La Traversée de Charlemagne* (ballade traduite de l'allemand), — *L'Auberge de Carniole* (conte fantastique), — *Un Procès à Rome*, etc.

La chaire de droit romain et les deux suppléances étaient vacantes, il y avait urgence d'y pourvoir. Onze concurrents prirent part au concours ouvert le 12 mars 1845 à Dijon. M. Lacomme emporta la chaire de droit romain à une très-grande majorité. MM. Ra-

---

(1) Je ne parle pas de l'Essai par lequel il avait débuté.

gon' et Besnard sont nommés à l'unanimité aux suppléances, M. Ponsot, qui venait après eux, leur est
adjoint à titre provisoire le 7 février 1846. Il méritait
à tous égards cette distinction dont il ne jouit pas
longtemps, emporté par une fièvre typhoïde très-peu
de temps après son installation. Ponsot est l'auteur
du *Traité du cautionnement en matière civile et commerciale*, 1844, 1 vol. in-8°. C'est la meilleure et la
plus complète monographie que nous ayons sur la
matière.

Je remplace Ponsot le 12 octobre 1846 à la suite
d'un concours ouvert à Strasbourg. L'intention du
ministre d'alors, M. de Salvandy, était de combler
avec des suppléants les lacunes qui existaient dans
l'enseignement des Facultés de droit sans surcharge
pour le Trésor et sans diminuer par un nouveau partage le traitement des professeurs titulaires (1). Il avait,
dans une lettre en date du 18 novembre 1846, pro-
voqué une délibération de la Faculté sur l'extension
à donner à l'enseignement. Peu après, M. Laferrière,
alors inspecteur général des Facultés de droit, interprète de la commission des hautes études du droit et
du ministre, vint lui-même faire à la faculté de Dijon,
assemblée sous sa présidence, des propositions rela-
tives à des cours complémentaires. Il fut arrêté à
l'unanimité que les cours suivants seraient faits en
dehors des cours ordinaires :

1° Un cours d'introduction générale et d'histoire du
droit tombé dans mon lot.

2° Un cours de droit criminel séparé de celui de

----

(1) V. l'ordonnance du 22 mars 1840 et le rapport du ministre qui
la précède.

procédure civile. Le professeur titulaire, M. Ladey, se réserva le premier. Le second fut fait par M. Ragon.

3° Un cours de droit coutumier. Besnard en fut chargé.

4° Un cours de Pandectes fait par le professeur de droit romain M. Lacomme.

5° Les questions les plus graves du code civil pouvaient être traitées dans un cours spécial par le professeur de troisième année.

La faculté étant au complet, ces cours furent tous donnés à l'exception de celui de droit coutumier. Le suppléant qui en était chargé dut, peu de temps après, remplacer dans le cours de procédure civile notre bon collègue, M. Ragon, qu'un concours ouvert à Paris venait d'asseoir dans la chaire de droit romain de la faculté de Poitiers au commencement de l'année 1847. M. Ragon, qui a laissé à Dijon d'unanimes regrets, est l'auteur de la plus belle monographie que nous nous ayons sur la *Rétention et l'imputation des dons faits à des successibles*, 1862, 2 vol. in-8°. Les questions si délicates que cette matière a de tout temps fait éclore y sont examinées et discutées à toutes les époques, depuis le droit romain jusqu'à nos jours, avec un talent et une science que doivent hautement reconnaître ceux même qui ne partagent pas sa manière de voir sur le cumul de la quotité disponible et de la réserve par l'enfant renonçant, point capital de la discussion.

Le ministre et la commission des hautes études du droit, en instituant des cours complémentaires, les suppléants, en les acceptant avec empressement, avaient compté sans la révolution de 1848, qui vint augmenter les vides autour de nous. Le brillant pro-

fesseur de code civil, dont les cours étaient suivis avec
tant d'assiduité, M. Gaslonde, envoyé par ses compatriotes à l'Assemblée nationale, où il siége encore
aujourd'hui avec distinction, après avoir été conseiller
d'Etat, ne nous appartient plus que par l'honorariat.
Nous avions aussi compté sans le commissaire extraordinaire du gouvernement dans la Côte-d'Or, qui, en
vertu de ses pouvoirs illimités, suspendit Besnard
de ses fonctions, je ne sais plus aujourd'hui pourquoi.
Ce dont je me rappelle, c'est que l'Ecole de droit,
doyen en tête, avait demandé à partir pour aider à la
répression de l'insurrection de juin. Elle avait aussi,
avec le même entrain, pris fait et cause pour son suppléant. Son doyen, M. Morelot, ayant déclaré au
ministre ne pouvoir, en honneur et conscience, donner
exécution à l'arrêté de suspension, avait fait suivre sa
déclaration de sa démission du décanat. L'Ecole vit
alors se renouveler la lutte d'abnégation à laquelle
avait donné lieu la suspension de Proudhon dans des
circonstances analogues. Aucun des professeurs ne
voulut accepter le décanat. Drevon, que son âge, ses
opinions politiques, l'estime et la voix publique désignaient, résista obstinément aux instances du ministre, du recteur et de M. Morelot lui-même son ancien
condisciple et son ami. Sa nomination, faite malgré
tout, amena le refus le plus catégorique, et M. Morelot
dut à son tour, sur les instances de celui qu'il demandait comme successeur, continuer à remplir, comme
plus ancien professeur, des fonctions qui lui furent
rendues le 8 février 1849 et qu'il a conservées jusqu'à
sa retraite. Besnard avait été aussi réintégré dans ses
fonctions.

Le départ de MM. Gaslonde et Ragon nécessita le

dixième et dernier concours ouvert devant la Faculté de Dijon depuis sa réorganisation. Ils eurent pour successeurs, dans le courant de 1850, MM. Neuville et Genty. L'Ecole ne devait pas rester au complet jusqu'à la fin de l'année. Un autre concours, ouvert à Paris au mois de novembre, fait asseoir Besnard dans une chaire de code civil à Caen et m'attache comme suppléant titulaire à la faculté de Rennes. Nous sommes remplacés à Dijon par deux des meilleurs docteurs de la faculté, MM. Guenée et Duchesneau, qui lui sont donnés à titre de suppléants provisoires. Le premier devait y occuper définitivement une chaire. Le second quitta bientôt l'Ecole pour aller prendre la tête du barreau de sa ville natale. Je ne devais plus revoir mon collègue Besnard. Il avait commencé, pendant le concours, à ressentir les atteintes de la maladie de poitrine qui devait éteindre sitôt ses facultés si brillantes. Comme Belime, il est mort au moment où l'avenir commençait à s'ouvrir devant lui, à peu près au même âge.

La faculté de Dijon ne devait pas non plus tarder à perdre un de ses meilleurs professeurs. L'excellent et regretté Drevon était déjà aussi atteint, au moment où je quittai l'Ecole, du mal qui devait l'emporter; mais il le sentait et prévoyait sa fin. Je ne puis me rappeler sans un grand serrement de cœur nos adieux au moment de mon départ pour Rennes. Il venait de perdre sa vieille mère qu'il adorait. « Je vais, » me dit-il, en me prenant les mains, « bientôt la rejoin- » dre là-haut. Ne partez pas; vous allez avoir ma » chaire : c'est celle de Proudhon, celles des Francs- » Comtois. » Sa prédiction n'était que trop vraie. Il fallait bien me rendre à mon poste. J'étais à peine installé à Rennes quand la nouvelle de la mort de mon compatriote m'y fut donnée. On peut dire de Drevon qu'il était la probité même. Sa charité était inépuisable; elle n'avait d'égale que sa bonté. On n'a connu qu'après sa mort quelques-unes des misères qu'il soulageait en secret. Aussi aimé de ses élèves que de ses collègues, il a emporté le respect et l'estime de tous, de ses adversaires politiques en particulier. Ceux-ci n'étaient pas les moins nombreux parmi ceux qui, après avoir éconduit de Besançon le commissaire extraordinaire envoyé de Paris en 1848, l'appelèrent spontanément et unanimement à la tête de l'administration du département du Doubs qu'il quitta, dès que la tranquillité fut rétablie, sans avoir voulu, il est inutile de le dire, toucher un centime des émoluments attachés à ses fonctions, heureux de venir reprendre ses travaux de l'Ecole. Drevon, qui passait ses journées entières dans son cabinet absorbé par la préparation de ses leçons, n'a rien publié.

La chaire du code civil, que Drevon occupait à Dijon, celle de droit romain d'Aix et celle de droit administratif de Paris, furent mises au concours devant la faculté de cette dernière ville, au milieu de l'année 1851. Le concours terminé le 30 mai, plaça M. Vuatrin à Paris, M. de Fresquet à Aix, et me ramena à Dijon, dans la chaire que j'occupe aujourd'hui. C'est la dernière fois que le concours fut appliqué aux chaires. Cette forme traditionnelle en France de nomination aux chaires et aux suppléances dans les facultés de droit, avait été, de la part d'un bon jurisconsulte que nous avons eu trop peu de temps à notre tête, M. de Parieu, l'objet d'un règlement spécial dans lequel étaient coordonnées et complétées les dispositions contenues

dans les règlements antérieurs. C'est à lui aussi que
nous devons la liberté donnée aux aspirants au doctorat de chosir le sujet de leurs thèses et la nouvelle
force donnée aux épreuves nécessaires pour l'obtention
de ce grade (arrêté du 26 décembre 1850).

Nous ne devions pas garder longtemps un ministre
aussi éclairé et aussi soucieux do nos intérêts. Le décret du 9 mars 1852, qui découronnait les facultés,
était contresigné par un de leurs membres. Disons, à
l'honneur des facultés de droit, qu'il leur était complétement étranger. Nous lui devons aussi la circulaire
relative à la coupe des barbes. Le concours et l'ina-
movibilité disparaissent pour les professeurs titulaires qui sont nommés et révoqués sur la proposition
du ministre de l'instruction publique. Le doctorat et
l'âge de trente ans restent comme conditions de capacité. La faculté dans laquelle la chaire est vacante, et
le conseil académique, ont une double liste de présentation, mais elle n'enchaîne en rien le ministre
qui peut se pourvoir ailleurs. Le recteur peut même,
par simple voie de mesure administrative, suspendre
un professeur, sauf à en rendre compte au ministre
qui lève ou maintient la suspension (1). La philosophie est retranchée de l'instruction secondaire, et la
fameuse bifurcation qui devait porter de si beaux
fruits, introduite par le décret du 10 avril 1852. La
faiblesse des épreuves devint aussi grande pour les
sciences que pour les lettres. Je n'en aurais pas parlé,
si elle n'avait exercé une désastreuse influence sur la
prospérité des facultés de droit. On est heureuse-

(1) Le décret du 11 juillet 1863 a donné aux professeurs la garantie
de la défense devant un conseil de neuf membres sans l'avis duquel la
révocation ne peut être prononcée aujourd'hui.

ment revenu sur cette mesure sévèrement qualifiée
par la faculté de Dijon, qui en avait demandé le retrait. Les sciences ne peuvent être étudiées sérieuse-
ment qu'à un certain âge. Ceux qui s'y distinguent le
plus y sont ordinairement préparés par une forte édu-
cation littéraire.

Rentrons à l'École de droit. Aujourd'hui le concours
ne reste que pour l'agrégation. Ces solennités académiques, suivies en provinces par un public nombreux
d'ordinaire assez bon juge, faisaient vivre d'une nouvelle vie la faculté devant laquelle elles s'ouvraient.
Le professeur montait grandi dans la chaire qu'il avait
conquise. Paris a, depuis le décret de 1852, le mo-
nopole des concours.

Une suppléance était vacante à la faculté de Dijon ;
le concours ouvert à Paris au milieu de 1852 lui envoya M. Batbie, que sa parfaite connaissance du droit
administratif, qu'il avait appliqué au conseil d'Etat
comme auditeur, nous rendait précieux. Ses talents,
si appréciés à l'Assemblée nationale actuelle, devaient
se développer sur un plus vaste théâtre. Il ne fit que
passer à la faculté de Dijon qu'il quitta pour celle de
Toulouse, avant d'arriver à Paris où il a inauguré le
cours d'économie politique.

Un decret du 8 décembre 1852 avait substitué à la
chaire de droit constitutionnel de la faculté de Paris,
illustrée par Rossi, une chaire d'Institutes de Justinien.
Ce fut, pour les facultés de provinces, où il n'y avait
pas de chaire de droit constitutionnel à supprimer, le
point de départ d'une heureuse innovation. La création d'une seconde chaire de droit romain permit d'y
développer, en deux années, un enseignement insuf-
fisant, malgré les efforts du professeur unique qui en

était chargé. La faculté de Dijon, notamment, sentit le bon effet de cette mesure, par la délégation de M. Capmas, professeur suppléant à Toulouse, dans la nouvelle chaire dont il devint bientôt titulaire. L'arrêté qui établit le second cours de droit romain à Dijon est du 4 février 1853; la délégation, du 16 du même mois, et la nomination à la chaire du 29 octobre. M. Capmas avait déjà publié ses remarquables leçons sur la *Révocation des actes faits par le débiteur en fraude des droits de ses créanciers* (1847, in-8). Son excellente traduction de *la Procédure civile et des actions chez les Romains* de Keller (1870, in-8), fait désirer aux amis de la science la publication de l'*Histoire du droit romain*, de Walter, depuis longtemps terminée. Les conférences de Pandectes faites chaque année par l'un des professeurs de droit romain complètent l'enseignement de cette branche fondamentale du droit qui a repris son caractère véritablement scientifique.

A la rentrée de 1853, la faculté n'avait plus qu'un suppléant titulaire. L'un de ses meilleurs docteurs, Antoine Mugnier, est installé provisoirement dans une suppléance que le concours devait bientôt rendre définitive. Notre unique suppléant titulaire, M. Genty, quitta l'école pour entrer dans la magistrature, au commencement de 1856. Son traité *Des partages d'ascendants* (1849, 1 vol. in-8°) et celui *Des droits d'usufruit, d'usage et d'habitation en droit romain* (1854, 1 vol. in-8), accusent chez lui des connaissances aussi étendues dans l'une que dans l'autre législation. Le concours, ouvert à Paris à la fin de l'année, nous rendit, avec le titre nouveau d'agrégé, MM. Guenée et Mugnier, qui remplissaient les fonctions de suppléants à titre provisoire. Après leur nomination au

10

concours, la Faculté les avait redemandés à l'unanimité au ministre, libre, d'après le nouveau règlement, de les envoyer ailleurs. Un autre de ses élèves, sorti premier du même concours, M. Bufnoir,
a remplacé, à Paris, Bugnet, l'ancien élève de Proudhon.

Le décret du 22 août 1854 a ressuscité, pour les
écoles de droit, l'ancien titre d'agrégé, remplacé à
leur réorganisation par celui de suppléant. Mais là ne
se borne pas le changement opéré. Les anciens agrégés et suppléants étaient nommés à vie, concouraient
pour telle ou telle faculté à laquelle ils demeuraient
attachés comme les titulaires. Un nouveau concours
pouvait seul les en faire sortir. Les agrégés ne sont
institués que pour dix ans, et le ministre désigne la
faculté à laquelle ils seront attachés, avec pouvoir de les
envoyer dans une autre si bon lui semble. Nous voyons
aussi, dans les documents officiels, des agrégés, dits
de *droit civil et criminel*, alliance assez bizarre pour
le dire en passant s'il doit y avoir séparation, qui sup-
pose des agrégés dans d'autres branches du droit.
Voilà une nouvelle bifurcation dont l'application pratique n'a pas encore été faite. Les anciens agrégés
étaient *doctores in utroque*. Les suppléants ayant
comme eux subi des épreuves sur toutes les branches
du droit enseignées dans les écoles devaient aussi être
prêts à les enseigner.

N'en est-il pas de même de nos agrégés actuels ?
Le droit administratif ne fait-il pas partie de leurs
études et de leurs épreuves de licence et de doctorat
comme le droit commercial, la procédure civile, je
n'ose presque pas dire le droit criminel, qui n'a de
chaire spéciale que dans un très-petit nombre de fa-

cultés? Un agrégé de droit administratif, par exemple, puisqu'il n'y a qu'une chaire de droit administratif à côté de sept autres chaires, dans les facultés
qui en ont le moins, aurait sept fois moins de chance
d'arriver que l'agrégé de droit civil et criminel. Qui
voudrait concourir dans de pareilles conditions ?
Aussi n'y a-t-il jamais eu en fait que des agrégés de
droit civil et criminel, pour me servir de la termi-
nologie officielle, et ces agrégés font exactement le
même service que les anciens agrégés et suppléants ;
pour le droit administratif comme pour le reste. A
Dijon, le cours de droit administratif, si apprécié, a
été fait par un agrégé de droit civil et criminel, M. Gau-
denet, aujourd'hui titulaire de la chaire de M. Serrigny, qu'il suppléait depuis sa retraite. Le lourd héri-
tage est tombé entre bonnes mains. Pourquoi ne pas
supprimer une qualification qui ne trouve pas sa raison d'être? Peut-être a-t-on voulu faire de l'uniformité
en prenant pour type les facultés des sciences et des
lettres. Il n'y a pas d'analogie entre l'enseignement
donné dans ces facultés et celui du droit. Une même
science, le droit, est enseignée dans chacune de ses
parties qui se lient et s'enchaînent pour former un
tout dans les facultés de droit. On ne comprend pas
l'étude de l'une d'elles sans l'étude des autres, celle
du droit administratif sans celle du droit civil et
même du droit criminel. Les mathématiques pures,
l'histoire naturelle, la chimie, sont autant de sciences
différentes enseignées dans une faculté dite *des* sciences,
la philosophie, l'histoire et la littérature sont enseignées dans la faculté *des* lettres. La même observation
s'étendra aux programmes de leurs cours, exigés des
professeurs de droit depuis que l'uniformité a été à

l'ordre du jour. On comprend qu'un programme puisse être donné par le professeur qui est libre de choisir, comme il l'entend, le sujet qui fera, pendant l'année, l'objet de son cours de littérature, d'histoire, de philosophie, de chimie, de physique, etc. Mais comment comprendre la demande d'un programme à un professeur chargé d'expliquer le code civil, celui de procédure, d'instruction criminelle, de commerce, les Institutes de Justinien ? Son programme ne peut être que la loi elle-même contenue dans le Code, dont il doit développer les dispositions. Il y a mieux : le programme des professeurs de droit est officiellement tracé et imposé par les lois et règlements qui organisent l'enseignement du droit et déterminent les matières sur lesquelles chaque examen devra porter. Ce sont les lois du 22 ventôse an XII, art. 2; le décret du 4 complémentaire de la même année et l'arrêté du 22 septembre 1843, dont nous avons déjà eu occasion de parler (1).

La faculté de Dijon, pressentie sur le nouveau règlement, avait donné un avis négatif; elle ne devait pas tarder à subir, à son détriment, l'application de la nouvelle mesure qui permettait au ministre de faire changer un agrégé de faculté sans son consentement. Elle lui en fit perdre un auquel elle tenait autant qu'il tenait à elle, Antoine Mugnier, transféré à la Faculté de Strasbourg, qui lui enleva l'esprit de retour en se l'attachant comme titulaire. Que n'a-t-il pu rester à Dijon ! peut-être n'y aurait-il pas été atteint de la mala-

---

(1) Dans sa session du mois de juin dernier, le conseil de l'instruction publique a supprimé les différences que nous venons de signaler entre les agrégés.

die qui a emporté si jeune un professeur doué des plus
belles facultés, que ses collègues ont vu partir avec tant
de peine. La bibliothèque de l'école de Dijon doit à une attention délicate de l'un de ses héritiers, qu'elle a compté
au nombre de ses lauréats, M. Mongin, un pieux souvenir. Je ne suis ici que l'interprète de sa reconnaissance.

La place de Mugnier resta longtemps vacante; nous
espérions qu'il nous reviendrait. La création de nouvelles facultés retarda encore son remplacement, qui
n'eut lieu qu'en 1866, par la nomination au concours
de M. Duverdier de Suze.

Un nouveau vide se fit dans la même année à l'école,
mais celui-ci bien volontaire, par la retraite de notre
doyen. Ses collègues, assemblés sous sa présidence
pour la rédaction de l'affiche des cours de l'année scolaire
1866-67, apprirent, non sans regret, de sa bouche même,
l'annonce d'une retraite que sa vigueur toute juvénile
ne leur faisait pas présumer si prochaine. Cinquante
années d'enseignement, dont plus de moitié ont été
consacrées à la direction de l'école, parurent à M. Morelot devoir borner une carrière qu'il pourrait très-bien
poursuivre encore aujourd'hui, aussi vif de corps et
d'esprit dans sa quatre-vingt-huitième année que le
plus jeune de nos étudiants. Sa prodigieuse mémoire
n'a pas un instant faibli. Nous nous rappelons tous
l'animation que ses discours de rentrée, toujours prononcés d'abondance, jetaient dans l'auditoire solennel
de ces séances. Poëte à ses heures, père de dix à
douze mille vers, auxquels il donne tous les jours des
frères, M. Morelot peut en réciter un demi-millier sans
effort. Les sujets les plus rebelles sont par lui trans-
portés au sommet du Parnasse. Le droit romain, le
Code en ont pris le chemin. M. Morelot, qui aime à

se jouer avec les difficultés, excelle surtout dans le sonnet, pénétré des classiques, dont il continue les traditions. Que l'excellent doyen me permette de divulguer ici le principal motif de sa retraite ; il est trop honorable pour ne pas être connu. Depuis Drevon, mort en 1851, nos chaires avaient toutes conservé leurs titulaires. Leur parfaite santé paraissait ajourner pour longtemps encore l'espoir d'un remplacement. Le plus ancien était, et est encore, le mieux portant. L'amitié et le dévouement accompliront l'œuvre qui résistait à l'action du temps et M. Guenée, lauréat de notre école, qui depuis presque dix-sept ans y faisait le même service que nous dans des cours très-appréciés, put changer son titre d'agrégé contre celui de professeur de code civil. Ce titre, si bien gagné, aurait été depuis longtemps conféré à notre bon ami et collègue dans une autre faculté ; les liens qui nous unissaient et ses relations de famille le lui avaient fait constamment refuser. En quittant l'école, notre doyen honoraire est toujours resté avec nous. Ses anciens collègues ont encore la satisfaction de le retrouver à leur tête dans les occasions solennelles. Il continue aussi à nous appartenir à un autre titre, par la continuation de ses travaux sur le droit.

J'ai déjà parlé de l'ouvrage publié en 1835, sous le titre modeste de *Dictées d'un professeur de droit français*, dans lequel les principes de notre droit civil sont présentés dans un ordre synthétique à la méditation des élèves auxquels le livre est principalement destiné. En quittant le service actif de l'école, notre doyen nous avait promis ce qu'il veut bien appeler ses *désiderata* sur le code civil. Il a bien vite tenu parole en publiant sous ce titre : *De la reconnaissance des enfants illégitimes sous le code Napoléon mis d'accord avec lui-même*, la monographie la plus étendue qui ait été écrite sur cette matière épineuse si diversement envisagée dans les différentes législations. Après une large introduction, où la position des enfants nés hors mariage est examinée dans l'ancien monde, d'après les livres saints, les législations orientales, le droit romain, le droit canonique, le droit germanique, nos coutumes et le droit intermédiaire, l'auteur arrive à l'examen de celle qui leur est faite par les rédacteurs du code civil dont la tâche, il faut le reconnaître, était assez délicate à l'issue d'une révolution qui avait si profondément modifié tout ce qui tenait à l'état des personnes. On peut, en se reportant surtout à l'époque où le Code a été rédigé, trouver quelquefois ses appréciations un peu sévères, mais il est impossible de méconnaître la justice et la moralité qui dominent toutes ses solutions, soutenues par une argumentation dont les énergiques ressorts ne feraient guère soupçonner un polémiste bientôt nonagénaire. Toutes les questions que peut faire naître la reconnaissance volontaire ou judiciairement établie des enfants illégitimes, y sont traitées à fond avec une grande indépendance d'idées, dans un volume de 547 pages, grand in-8°, publié à Dijon en 1869. M. Morelot, nous l'espérons, ne s'arrêtera pas là; il nous avait promis au moins trois volumes; sa magnifique santé lui permet de tenir facilement sa parole. Elle nous a valu, comme intermède un charmant petit volume, mais d'un tout autre genre que le précédent : *Mon hygiène, ou le secret de vivre sans vieillir*, publié chez Dentu l'année dernière.

Ici, l'auteur plus heureux que Flourens, qui se serait

éteint dans l'adolescence si nous le comparons à notre
vigoureux doyen, joint l'exemple au précepte. Le cen-
tenaire de Venise, Cornaro, qui, lui aussi, a écrit sur
l'art de vivre longtemps, ne sortait de sa maison que
pour aller au jardin recevoir les rayons du soleil, bien
abrité des vents du nord. Vingt kilomètres faits à
pieds, par les temps les plus rigoureux, ne sont
qu'une promenade pour le doyen des doyens auquel
le second vêtement dont nous nous affublons tous
est toujours resté étranger. Rien pour autant n'est
retranché à l'exercice intellectuel alimenté en même
temps par le livre ou la brochure, pris comme com-
pagnon de voyage. Très-amateur de bonne musique,
M. Morelot ne manque aucune occasion de se donner
son plaisir favori. Proudhon, pour qui la musique
n'avait aucun charme, se délectait avec les petits
enfants au théâtre des marionnettes; le goût plus fin
de son successeur dans le décanat en fait l'auditeur
assidu de la pièce nouvelle.

Né en 1786, M. Morelot touchait à sa majorité lors
de la réorganisation des écoles de droit. Celle de
Dijon l'a compté dans ses premiers élèves; ses maîtres
ont été les professeurs de 1806, sur lesquels il a pu
nous donner de curieux renseignements. Avocat distingué, conseiller de préfecture sous la Restauration,
notre doyen, depuis sa nomination à la chaire de code
civil, s'est consacré tout entier à l'école. Ses élèves
gardent tous le souvenir de sa paternelle bienveillance.

L'aménité et la douceur du caractère de son successeur dans le décanat, M. Ladey, les relations si agréa-
bles qu'il avait avec ses collègues, ont fait trouver
trop court le temps qu'il a pu consacrer à la direction
de l'école. Une fracture dont les suites graves avaient

compliqué l'état d'une santé affaiblie par le travail, bien rétablie aujourd'hui, grâce au repos amené par la retraite, a privé l'école d'un cours de droit criminel dont la publication serait bien désirable. L'esprit si délié et si philosophique de M. Ladey le portait naturellement vers cette branche du droit trop négligée dans l'organisation des écoles françaises. Il accomplissait, en y consacrant la totalité de ses excellentes leçons, le vœu, maintes fois renouvelé par la faculté, de la séparation du droit criminel et de la procédure civile. Dijon avait de fait une chaire de droit criminel on ne peut mieux occupée. M. Guenée, chargé, avant de monter dans celle du code civil, du cours de procédure, pouvait aussi y consacrer tout son temps. Les deux cours ont continué à être donnés séparément par MM. Duverdier de Suze et Renardet, jusqu'à ce que de nouveaux vides, faits dernièrement dans la faculté, ne l'aient complétement privée de ses agrégés, tous montés dans des chaires.

L'école, qui était restée si longtemps avec ses anciens titulaires, allait en perdre la plus grande partie en bien peu de temps. La mort n'en a frappé qu'un, l'un des plus jeunes, que nous avions laissé plein de vie, en nous séparant à la fin du mois d'août 1867. Nous étions bien loin de penser que les adieux faits à Neuville étaient les derniers. Une fièvre typhoïde l'emporta en quelque jours, pendant les vacances. La chaire de code civil, qu'il occupait depuis 1850, fut échangée par M. Capmas contre la seconde chaire de droit romain. Notre unique agrégé, M. Duverdier de Suze, restant chargé du cours de procédure civile et et de droit criminel, vacant par la retraite de M. Ladey, l'un de nos meilleurs docteurs, M. Renardet, fut, à la rentrée de 1867, délégué dans la chaire de droit romain qu'il occupe aujourd'hui comme titulaire. Le concours devait bientôt nous l'attacher comme agrégé, avec MM. Renault et Gaudemet. Ils entrèrent tous trois à l'école en cette qualité, le 21 juillet 1868.

Dans l'intervalle, le décanat avait été conféré à notre plus ancien collègue, l'éminent professeur de droit administratif, M. Serrigny. L'année suivante, M. Duverdier de Suze prenait, comme titulaire, possession de la chaire de procédure civile et de droit criminel, que le nombre de nos agrégés permit encore de dédoubler pendant un certain temps.

L'école était en pleine prospérité, quand éclata la malheureuse guerre, qui amena l'envahissement de nos départements de l'Est. Deux cent soixante-quatre élèves suivaient ses cours à la rentrée de 1869. Dijon, point d'intersection des routes et des chemins de fer qui unissent Paris à Lyon, à Besançon, à Belfort, etc., était l'objectif principal de l'arrière-garde de l'armée allemande, qui y arrivait à marches forcées. Ce n'est pas le lieu de parler du malheur que subit la ville, après une inutile résistance qui coûta la vie à plusieurs centaines de braves gens. La mobilisation avait enlevé à peu près toute notre troisième année. Les autres élèves étaient, pour la plupart, retenus chez leurs parents dans les villes ou villages occupés. La rentrée de 1870 se fit avec cinquante-quatre inscriptions, presque toutes prises par des jeunes gens appartenant à la ville. Elles montèrent, en avril 1871, à deux cent soixante et seize, pour nous donner, à la fin de l'année scolaire, une moyenne de cent quatre-vingt-neuf. Là ne se borna pas la désastreuse influence de la guerre sur notre école. La mobilisation, qui a jeté le deuil dans tant de familles, familles, devait y avoir un cruel retentissement. Deux de nos meilleurs élèves, Giraudet et Lagier, ce dernier fils de l'honorable conseiller que nos lecteurs connaissent, neveu de notre collègue Guenée, doué des plus brillantes facultés, ont payé de leur vie une résistance qui n'était plus possible. Puisse le juste tribut d'éloges, qui leur a été payé par leurs condisciples sur leur tombe et par leurs maîtres à la séance de rentrée adoucir l'immense douleur que leur mort a causée!

J'ai déjà dit que l'un de nos collègues, M. Gaudemet, avait été, comme Jacotot, victime de la sauvage coutume des prises d'otages. Plus heureux que son prédécesseur, il nous est revenu après six mois d'internement à Brême, qui nous ont paru bien longs.

A la rentrée de 1872, l'école perd ses deux plus anciens titulaires. La chaire de droit administratif occupée depuis trente-quatre ans par M. Serrigny et celle de droit commercial, depuis trente ans par M. La Place, deviennent vacantes, par suite de leur admission sur leur demande à la retraite. Deux maladies, dont une seule suffit à enlever les plus forts avaient attaqué à la fois M. Serrigny au commencement de 1868 : la pierre et une bronchite aigue. L'art secondé par une force morale et un tempérament exceptionnel en triompha. Le malade survit à Nélaton son habile opérateur. Dès que ses forces lui permirent de se tenir debout, le doyen, malgré les instances de ses médecins et de ses collègues, vint reprendre son service à l'école ; le premier prêt, comme toujours, à l'accomplissement ponctuel de ses devoirs, sans souci de la fatigue et de ses suites sur une santé qui venait d'être si profondément ébranlée. Les cours empêchaient les restes de l'inflammation pulmonaire de disparaître. La laborieuse session d'examens de fin d'année, terminée au mois d'août 1872, avait même aggravé le mal. Notre doyen demanda une retraite, qu'il avait si bien méritée. Elle nous a conservé notre éminent collègue, revenu aujourd'hui à la santé. Véritable bénédictin, il ajoute au travail du cabinet, qu'il commence avec le jour, les heures qu'il consacrait avant à celui de l'école.

En commençant ses études spéciales, sur une branche du droit qui demande la parfaite connaissance de textes innombrables, M. Serrigny avait à se frayer la route qu'il a si brillamment parcourue. Il inaugurait en 1837, à Dijon, l'enseignement du droit public et du droit administratif, sur lesquels il a d'immenses travaux manuscrits qu'il augmente sans cesse. Ceux qui s'en occupent ont tous dans les mains les ouvrages qu'il a publiés. Les étrangers en ont autant profité que nous.

Une des plus grandes difficultés que présente le droit administratif gît dans la séparation du contentieux de l'administration pure et dans la détermination exacte de la compétence des tribunaux administratifs. Les textes, qui n'abondent que trop dans les autres parties du droit administratif, sont, pour celle-ci, rares et souvent incomplets. La jurisprudence du conseil d'Etat y est d'un grand secours. Il fallait la connaître comme M. Serrigny, pour ne pas perdre le fil conducteur dans ce dédale. Il l'a mis aux mains de ceux qui doivent s'y aventurer, dans le premier de ses ouvrages, son œuvre capitale, le *Traité de l'organisation, de la compétence et de la procédure en matière contentieuse administrative dans ses rapports avec le droit civil.* La première édition publiée en 1842,

en deux volumes in-8°, rapidement épuisée, ne se
trouvait plus, depuis longtemps, en librairie et atteignait de très-hauts prix dans les ventes particulières,
lorsque M. Serrigny, occupé à d'autres travaux que
nous allons aussi passer en revue, se décida à en
donner une seconde édition en 1865. Celle-ci contient trois volumes plus gros que les premiers. Les
changements, survenus dans la législation et la jurisprudence administratives depuis 1842 ont nécessité
des remaniements. Les matières déjà traitées dans la
première édition ont reçu de plus grands développements ; des additions entièrement neuves en comprennent d'autres, qui n'avaient pas fait l'objet du
premier travail. Nous citerons les mises en jugement
des agents du gouvernement, le contentieux des élec-
tions, les syndicats, les conseils académiques, les
conseils généraux, le contentieux de l'instruction publique réglé par des dispositions nouvelles. Je n'ai
pas à faire aux lecteurs de la *Revue* l'éloge ni l'analyse d'un livre qui fait autorité. Il n'est guère resté en
France que la moitié de la dernière édition.

Rien de complet n'avait été, depuis la Révolution,
écrit chez nous, sur le droit public, tel que l'ont fait
nos institutions modernes, quand M. Serrigny publia
en 1846 le *Traité du droit public des Français* précédé
d'une instruction sur les fondements des sociétés politiques. Cette dernière partie avait seule occupé nos
publicistes. L'auteur, dans une introduction qui ac-
cuse une immense lecture, passe en revue tous les
systèmes exposés depuis l'antiquité jusqu'à lui. Les
événements politiques n'ont rien fait perdre à son livre de son actualité. Il faut recommander surtout la
lecture du chapitre VIII de l'introduction et du titre VIII

du second volume aux fabricants de systèmes sociaux.

Après avoir examiné les fondements des sociétés politiques en général, l'étendue et les limites du pouvoir souverain, les différentes formes de gouvernement, l'auteur aborde l'exposé des principes de notre droit public séparé du droit constitutionnel proprement dit. La détermination des personnes qui jouissent des droits dont l'ensemble forme le faisceau de nos libertés, une fois faite dans un titre consacré à la nationalité et à l'extranéité, excellent commentaire du premier titre du premier livre du code civil, l'auteur délie le faisceau pour en analyser les éléments dans dix titres qui ont pour rubrique : « L'égalité devant la loi, la liberté individuelle, le droit d'association et de réunion, la liberté de conscience, de la presse, de l'enseignement, le droit de propriété, la liberté du commerce et de l'industrie, le droit de pétition et le droit de port d'armes. » Chacun de ces titres, subdivisé en chapitres et en sections, contient un traité complet.

Ce livre en appelait un autre, le traité du droit constitutionnel, que l'auteur a composé. Mais est-il possible, dans un pays comme le nôtre, de publier un livre sur le droit constitutionnel? L'ouvrage à peine terminé, la république de 1848 remplace la monarchie constitutionnelle; l'Empire succède à la République; supprime l'enseignement du droit constitutionnel; l'Empire renversé est remplacé par un gouverment sans lois constitutionnelles. Quelles seront ces lois? Sous quel gouvernement vivrons-nous ou mourrons-nous? Il est facile de comprendre les raisons qui ont arrêté la publication du traité de droit constitutionnel.

Le troisième ouvrage de M. Serrigny a pour titre :

Questions et traités de droit administratif, publié en 1854 en un volume in-8°. L'auteur a détaché de son cours, pour les y déposer dans l'ordre alphabétique, les questions les plus difficiles du droit administratif prises dans les matières suivantes : l'appel comme d'abus, l'affouage, l'interprétation des actes du gouvernement, les bans de fauchaison, de moisson, du troupeau commun, de vendange, les bois et forêts, les cours d'eau navigables et non navigables, les décrets impériaux, le domaine public, les marchés de fournitures, les mines, les routes départementales, les travaux publics. Trois traités complets donnés dans le même volume, sur l'alignement, les contributions directes et les règlements municipaux, font vivement désirer la publication de la totalité du cours de droit administratif de M. Serrigny.

Est-ce aux changements si fréquents amenés depuis 1848 par les vicissitudes politiques dans cette branche du droit qui n'a depuis longtemps plus de secrets pour notre savant collègue, que nous devons les deux derniers volumes dont il a enrichi la science? En ce cas, l'adage « à quelque chose malheur est bon » n'aurait pu mieux trouver sa place. L'auteur, en nous initiant au droit public et administratif romain, dans un livre rempli d'une immense érudition, a comblé une lacune qui existait depuis trop longtemps dans notre littérature juridique française, où elle s'était, je pourrais dire, officiellement introduite. Ceux qui connaissent l'organisation et l'enseignement des anciennes écoles de droit savent, en effet, que les trois derniers livres du code de Justinien n'y étaient pas expliqués, précisément parce qu'ils contiennent le droit public et administratif romain. Le professeur

chargé de l'enseignement du Code et des Novelles,
contenant la dernière expression du droit romain,
s'appliquait à donner plus particulièrement les notions
utiles dans la pratique. Les textes contenus dans les
trois derniers livres du Code ne pouvaient trouver
d'application devant les tribunaux. On n'y prenait que
ceux qui avaient trait au droit civil pour les rattacher
aux matières auxquelles ils se rapportaient. Aussi,
dans l'ancienne division du corps du droit, ces trois
derniers livres sont-ils séparés des autres et relégués
dans le *volumen*. Les rares commentateurs qui s'en
occupaient les traitaient toujours à part. C'est ainsi
que Cujas, en les accompagnant d'un commentaire
assez bref qu'il dédie à Marguerite de Valois, duchesse
de Berry, a lui-même procédé et a pu dire : *Sed hoc
novum in tres postremos constitutionum codicis opus
expectatum et expetitum nimis quod non te indignum
forsitan homines judicaturi sunt, vel quod perfecerit
nundum simile alius quisquam vel quod totum sit de
rebus ad principes pertinentibus* (1). Le code Théodo-
sien est encore plus riche en documents sur le droit
public et administratif romain que celui de Justinien.
Jacques Godefroy a répandu sur eux des trésors d'érudition dans son admirable commentaire (2). Rien de
comparable n'a été publié chez nous depuis. La forme
du commentaire adoptée par Godefroy, aussi versé

---

(1) Cujas écrivait cette dédicace au mois de juillet 1562, au moment
où la fameuse école de Bourges, où il enseignait à côté de Duaren,
de Baron de Leconte, était à son apogée, grâce à l'impulsion donnée
par L'Hôpital, chancelier de la duchesse de Berry.

(2) La meilleure édition du *Codex Theodosianus cum perpetuis com-
mentariis Jac. Gothofredi* est celle donnée par Ritter. *Lipsiæ*, 1736-1745.
6 vol. in-fol. Elle devient très-rare en France.

dans l'histoire que dans le droit, éclaire d'une pure
et vive lumière chacun des textes commentés, mais
empêche de saisir l'ensemble d'une législation dans
laquelle on est étonné de retrouver la plupart des
principes de notre droit public et administratif. M. Sér-
rigny a mis en œuvre tous ces matériaux si longtemps
épars, et reconstruit, en regard de l'édifice moderne,
l'ancien édifice dans son étonnante immensité. Nous
pouvons aujourd'hui facilement les comparer : l'habi-
leté de l'architecte a fait ressortir l'œuvre jusque
dans ses plus minces détails.

Le principe de la centralisation caractérise l'administration romaine ; l'individualisme domine celle des
Barbares qui vinrent s'implanter dans les provinces
d'Occident. Un seul de leurs chefs, le plus éminent,
qui les réunit tous un jour sous son sceptre, Charlemagne, avait senti le besoin de la centralisation,
qu'il rétablit sous des formes nouvelles. L'œuvre de
son grand génie fut anéantie sous ses successeurs, la
féodalité lui porta le dernier coup. Il faut arriver à la
Révolution française et à un autre grand génie, Napoléon, qui sut s'approprier ce qu'elle avait eu de
bon, pour retrouver la centralisation. Elle sera, après
lui, poussée dans les détails jusqu'à l'abus ; la décen-
tralisation viendra à l'ordre du jour, on nommera
des commissions et on fera des lois de décentrali-
sation.

Le traité du droit public et administratif romain,
publié en 1862 (2 vol. in-8°), est divisé en trois livres.
Le premier est consacré au personnel administratif.
L'organisation du gouvernement, l'administration
générale de l'empire et les attributions de chacun des
fonctionnaires qui y coopéraient fait l'objet d'un pre-

mier titre. L'administration provinciale, l'administration municipale, l'administration spéciale des deux capitales, Rome et Constantinople, sont étudiées au même point de vue dans les titres suivants. Le premier livre est terminé par deux titres consacrés, l'un au régime militaire, l'autre au régime ecclésiastique.

Le pouvoir impérial romain, pouvoir absolu comme celui de nos rois dans l'ancienne France, mettait dans une main unique les trois pouvoirs séparés dans les monarchies constitutionnelles. La lassitude amenée par les discordes civiles qui avaient signalé les derniers temps de la République avait laissé ce pouvoir s'introduire. Auguste s'en était emparé en se faisant habilement conférer par le peuple, les prérogatives diverses qui le constituaient. On se croirait, en lisant les *Annales* de Tacite, à une époque encore bien voisine de nous. M. Serrigny nous rend les rapprochements encore plus sensibles. Nous n'avons inventé ni les candidatures officielles, ni le préfet de la capitale, les chambellans, le ministre des finances, celui du domaine privé et de la couronne, ni le maître des cérémonies introducteur des ambassadeurs, ni la garde impériale, les gardes du corps, ni le privilége dont l'article 75, de la constitution de l'an VIII, couvrait les fonctionnaires devant la justice. On s'adressait déjà à Son Altesse, à Son Excellence, à Son Éminence, à Sa Grandeur, etc., etc. Chacun connaît le sénat, divisé aussi en commissions pour examiner les projets de lois dus à l'iniative de l'empereur, qui les faisait présenter et soutenir à la tribune par ce que nous avons appelé, sous le premier Empire, des orateurs du gouvernement, chargés d'en exposer les motifs. Les projets adoptés par le sénat revenaient à la sanction impériale. Un conseil d'Etat, des secrétaires d'Etat, des ministères avec des directeurs généraux, des chefs de division, des chefs de bureau, etc., expédiaient comme chez nous les affaires auxquelles se formaient des auditeurs au conseil d'Etat. Le ministre de la police avait sous ses ordres un nombreux personnel dont certains membres étaient détachés dans les provinces et remplissaient aussi les fonctions de courriers de cabinet. Les empereurs envoyaient aussi souvent, comme Napoléon Iᵉʳ, leurs auditeurs au conseil d'Etat faire des tournées dans les provinces pour s'assurer de l'esprit public, donner l'impulsion politique aux fonctionnaires, etc.

L'administration des finances comprenait, outre le ministre, un contrôleur général, un directeur général, des receveurs et des payeurs généraux, des percepteurs, des directeurs, des hôtels des monnaies, des douanes. Le domaine privé et celui de la couronne étaient administrés par le ministre de la maison de l'empereur, qui avait aussi les haras dans ses attributions. L'empire était, comme la France actuelle, partagé en grands commandements militaires, à la tête desquels étaient placés des *magistri militum* ressemblant assez à nos maréchaux de France. La juridiction militaire était comme chez nous séparée de la juridiction civile et avait ses règles spéciales.

Si nous descendons maintenant dans l'administration provinciale, nos préfets seront représentés par les *præfecti, administratores, præsides provinciæ*. L'assiette et le recouvrement des impôts directs se faisait comme chez nous, au moyen de rôles et de matrices, mis par eux aux mains des directeurs des contributions; ils les arrêtaient et les rendaient exécutoires. La police administrative, l'exécution des travaux publics, la nomination des magistrats municipaux rentraient aussi dans les attributions des *præfecti*. Les assesseurs dans les matières administratives remplissaient auprès d'eux le rôle de nos conseils de préfecture. Une gendarmerie arrêtait les prévenus et des garnisaires assuraient le recouvrement des impôts, divisés comme chez nous, en impôts directs et indirects.

Dans l'administration municipale, les deux capitales de Rome et de Constantinople étaient, comme Paris l'a été longtemps, soumises à un régime spécial. Les attributions du magistrat placé à leur tête présentent beaucoup d'analogie avec celles du préfet de la Seine. Nous les voyons divisées aussi en régions ou arrondissements. Elles avaient une garde municipale, un corps correspondant à celui de nos pompiers, chargé de veiller aux incendies sous le commandement du *præfectus vigilum*. Il n'est pas jusqu'aux distributions des eaux, aux égoûts avec le collecteur principal, dans lequel pouvait passer à l'aise une voiture chargée de foin, aux ingénieurs chargés de leur confection et entretien, que nous n'y retrouvions. A côté de cela, des docks, un corps de portefaix, des mesureurs publics, une caisse de la boulangerie, etc., etc.

Dans le régime militaire, la légion formait l'unité, qui correspond à notre régiment avec son colonel, ses chefs de bataillon, ses capitaines et ses sergents. Sous l'empire, l'armée se formait par le recrutement et les engagements volontaires. On y pratiquait l'exonération comme sous le dernier Empire, au moyen d'une somme d'argent versée à la caisse de dotation de l'armée, *ærarium militare*. Des fonctions analogues à celles de nos intendants militaires étaient exercées dans chaque corps par des préposés spéciaux.

Nous n'avons pas grand'chose à dire du régime ecclésiastique. Les changements qui s'y sont opérés datent de la mise de l'évêque de Rome à la tête de la catholicité. L'opposition de ce temps-là, qui nous a valu les Pères de l'Eglise, s'était réfugiée dans le clergé et les monastères, seuls respectés par le pouvoir absolu.

Dans le second livre, il est question des choses dans leurs rapports avec l'administration publique. Ici encore, nous retrouvons de nombreuses et frappantes analogies avec nos institutions administratives modernes. Les voies publiques se divisaient en grandes routes, chemins vicinaux et chemins de desserte. Les premières, *viæ*, étaient construites aux frais du trésor public ; on y employait aussi les légions. Les seconds (*viæ-vicinales*), étaient créés et entretenus par voie de prestations dans les communes qu'elles desservaient comme nous dirions aujourd'hui. Les troisièmes appartenaient ordinairement aux propriétaires des terrains traversés qui les entretenaient.

On appliquait aux routes, comme chez nous, ce que nous appelons des centimes additionnels ; contribution supplémentaire proportionnelle ajoutée aux contributions directes ordinaires.

Les travaux forcés encourus par suite de condamnation s'exécutaient sur les routes ou dans les mines. Les ingénieurs chargés du service des ponts et chaussées dans chaque province relevaient du gouverneur.

La théorie des impôts fait l'objet d'une savante exposition. L'auteur trouve dans les avocats fiscaux l'origine de notre ministère public. L'impôt des patentes, celui des portes et fenêtres étaient déjà appli-

qués avec celui des cheminées et même des tuiles. Les
villes pourvoyaient à leurs besoins au moyen d'octrois.

La poste et les transports publics étaient organisés,
mais seulement pour les services publics et n'étaient
pas mis comme aujourd'hui à la disposition des particuliers.

Le troisième et dernier livre, consacré à la condition
économique et sociale des personnes dans l'empire
romain, contient de bien curieux détails sur un grand
nombre de professions. L'ouvrage se termine par un
mémoire sur le régime municipal en France, depuis
les Romains jusqu'à nos jours, dans lequel les com-
paraisons sont continuées.

Le vice qui a amené de si grands maux dans l'empire romain ne pouvait échapper à un écrivain aussi
judicieux que M. Serrigny. Le cumul des fonctions
judiciaires avec les fonctions administratives, à tous
les degrés de l'échelle hiérarchique, est une des causes principales de la chute de l'empire romain. Le
Traité du droit public et administratif romain est un des
livres les plus attrayants et les plus instructifs que
l'on puisse lire. L'auteur, chemin faisant, a redressé
un certain nombre d'erreurs échappées à des savants
qui n'étaient pas jurisconsultes. L'exactitude de ses
connaissances en droit administratif lui a fait, d'un
autre côté, éclaircir bien des points restés dans l'obs-
curité sous la plume des jurisconsultes.

Trente ans d'enseignement, fortifié par un travail
assidu, la connaissance parfaite de la jurisprudence
et des us commerciaux, pouvaient nous faire espérer
que M. La Place publierait son cours de droit commercial. Notre excellent collègue, si indulgent pour les
autres, a été trop sévère pour lui. Comme tous ceux

qui savent et qui travaillent beaucoup, il pense qu'il
y a toujours à apprendre. Puisque la perfection n'est
pas de ce monde, il faut songer aussi à ceux qui ne
savent pas encore et ont le grand désir d'apprendre.
Nul mieux que lui ne pouvait les initier à la connaissance du droit commercial qu'il leur enseignait si
bien. Un bon livre élémentaire à mettre dans les mains
de ceux qui commencent cette étude serait bien désirable. De très-bonnes monographies ont été publiées
sur certaines parties du code de commerce. Pardessus,
Delamarre et Lepoitvin, Bravard et son continuateur
ont donné, sur l'ensemble du droit commercial,
d'excellents travaux très-appréciés de ceux qui savent, mais au-dessus, le premier surtout, de la portée
de ceux qui ne savent pas encore. Les regrets unanimes que notre collègue, si aimé, a emportés en quittant Dijon, seront une douce consolation dans sa retraite. Il a quitté, pour rentrer dans la sienne, une
autre famille qu'il avait su se créer ; ses collègues et
celui qui écrit ces lignes en particulier lui resteront
oujours attachés par les liens du cœur. La Faculté de
Paris nous a enlevé, l'année dernière, M. Renault,
chargé après lui du cours de droit commercial. Sorti
le premier du concours, M. Renault justifiait bien les
espérances que nous avions fondées sur lui. Nos regrets et nos vœux le suivent aussi. Nous perdions en
même temps un autre de nos agrégés resté trop peu
de temps avec nous. M. Dubeugnon, en rentrant à la
faculté de Poitiers, a retrouvé ses affections de famille.

La retraite de MM. Serrigny et La Place, la mort
de Neuville, laissaient trois chaires vacantes : une de
droit romain, celle de droit administratif et celle de
droit commercial. Il vient d'être pourvu aux deux pre-

mières, sur la demande unanime de la faculté, par la
nomination de MM. Renardet et Gaudemet qui les occupaient comme chargés de cours; ils continuent dignement les traditions de leurs prédécesseurs. Pareille
nomination ne se fera pas attendre pour M. Mouchet,
chargé actuellement du cours de droit commercial.

La faculté de Dijon, peut-être unique à ce point de vue,
a aujourd'hui quatre doyens vivants : trois honoraires,
MM. Morelot, Ladey, Serrigny, et notre excellent
collègue et ami M. Lacomme, doyen en exercice. Les
cours de droit romain y sont faits par MM. Lacomme
et Renardet. Ceux de code civil par MM. Capmas,
Guenée et l'auteur de cet article ; celui de procédure
civile et de droit criminel par M. Duverdier de Suze,
celui de droit public et administratif par M. Gaudemet, et celui de droit commercial par M. Mouchet, seul
agrégé qui nous reste. Le concours qui vient de se
terminer doit nous en donner deux autres.

Le relevé du nombre des élèves de la faculté dans
chaque année scolaire, depuis sa réorganisation en
1806, donne les chiffres suivants.

1806.	98	1815-1816.	131
nov.-août.		1816-1817.	198
1806-1807.	146	1817-1818.	222
1807-1808.	164	1818-1819.	240
1808-1809.	190	1819-1820.	240
1809-1810.	201	1820-1821.	207
1810-1811.	206	1821-1822.	202
1811-1812.	234	1822-1323.	176
1812-1813.	214	1823-1824.	157
1813-1814.	129	1824-1825.	115
1814-1015.	139	1825-1826.	85

1826-1827. . . , . .	98		1849-1850. . . .	180
1827-1828. . . .	88		1850-1851. . . .	191
1828-1829. . . .	83		1851-1852. . . .	173
1829-1830. . . .	86		1852-1853. . . .	170
1830-1831. . . .	109		1853-1854. . . .	178
1831-1032. . . .	139		1854-1855. . . .	157
1832-1833. . . .	161		1855-1856. . . .	139
1833-1834. . . .	173		1856-1857. . . .	122
1834-1835. . . .	163		1857-1858. . . .	111
1835-1836. . . .	176		1858-1859. . . .	106
1836-1837. . . .	151		1859-1860. . . .	117
1837-1838. . . .	157		1860-1861. . . .	133
1838-1839. . . .	149		1861-1862. . . .	156
1839-1840. . . .	137		1862-1863. . . .	151
1840-1841. . . .	144		1863-1864. . . .	156
1841-1842. . . .	120		1864-1865. . . .	152
1842-1843. . . .	139		1865-1866. . . .	194
1843-1844. . . .	136		1866-1867. . . .	194
1844-1845. . . .	150		1867-1868. . . .	197
1845-1846. . . .	159		1868-1869. . . .	229
1846-1847. . . .	167		1869-1870. . . .	255
1847-1848. . . .	167		1870-1871. . . .	159
1848-1849. . . .	161		1871-1872. . . .	287
			1872-1873. . . .	246

Bifurcation.

L'institution des prix que nous avons rencontrée à l'école de Besançon à la fin du siècle dernier n'a été appliquée aux facultés de droit nouvelles qu'à partir de 1840. Il m'a paru curieux de suivre la carrière parcourue par les lauréats de la faculté de Dijon. C'est par là que je terminerai l'étude que j'ai entreprise sur les écoles de droit en Franche-Comté et en Bourgogne.

12

Six de nos lauréats sont entrés dans l'enseignement du droit, après avoir subi les épreuves du concours. Ce sont :

MM.

Guenée, profeseur de code civil, à Dijon.

Mugnier,   id.   id.   à Strasbourg.

Bufnoir,   id.   id.   à Paris.

Thomas, agrégé, à Rennes.

Renardet, professeur de droit romain à Dijon.

Gaudemet, professeur de droit administratif à Dijon.

Vingt-six sont entrés dans la magistrature :

MM.

Rivière, conseiller à la cour d'appel de Riom.

Cival, juge au tribunal de Dijon.

Fondet, président du tribunal de Châlon.

Gouget, conseiller à la cour d'appel de Dijon.

Demoly, président du tribunal civil de Dijon.

Benoist, avocat général à Paris.

Maillard, conseiller à la cour d'appel de Dijon.

Rollet, président du tribunal de..... Algérie.

Bazot, président de Chambre à Chambéry.

Boissard, procureur de la République à Lyon.

Duboz, procureur de la République à L.-le-Saulnier.

Dufay, juge à Beaume-les-Dames.

Beaune, procureur général à Alger.

Bosc, procureur de la République à Gray.

Cardot, avocat général à Dijon.

Denoix, procureur de la République à Gray.

Perrenet, procureur de la République à Châtillon.

Girault,   id.   id. à...

Rouquet,   id.   id. à...

Biellecard,   id.   id. à Lure.

Darbois, substitut à...

Metmann, procureur de la République à...

Neveu-Lemaire,   id.   à Montbéliard.

Toussaint substitut, à...

Desserteaux,   id.   à...

Chenot,   id.   à...

Cinq sont restés au barreau.

MM.

Versigny, député de la Haute-Saône en 1848.

Pialat, avocat à Dôle.

Lombart, avocat à Dijon.

Lhomme, à Besançon.

Duchesneau, à Louhans.

M. Liegeard, ancien sous-préfet de Briey, membre du corps législatif sous l'Empire.

Terminons cette liste, probablement incomplète, par M. Mongin, l'un de nos plus ancien lauréats, déjà connu de nos lecteurs. Je n'ai pu le classer avec les précédents, parce qu'il n'a voulu rien être qu'un excellent ami, aimé et estimé de tous ceux qui le connaissent, très-apprécié de ses collègues au conseil général de la Haute-Saône, où il a si longtemps représenté le canton qu'il habite.